本書の発行にあたって

美術教育講座主任
千本木 直行

　造形表現は，それが如何なる表現手段をとっても感動を基盤としたものであると信じています。造形の密度，格調その高さが人々の心を打ちます。子どもたちは，感性を中心として対象を把握する活動から出発し，対象のなかに潜んでいるいろいろな意味や価値を造形に生かすための手段を考えます。その手段は，子どもの個性に応じて自由であることから，その表現においても自由性が尊ばれます。この自由性を安易に考えると，造形表現の指導は，放任しておいても表現活動は可能であるかのように考えがちです。

　造形表現の指導は，表現や鑑賞の活動を通して，感性を主体としますが，子どもたちにこれを納得させる価値が認められなければなりません。一般に学力とは，日常の学習活動の蓄積ですが，感性を主体とする表現活動では，他教科の学力とは趣が違っています。「何が目的で，このテーマによって，この材料を使って表現するのか」指導者は常にこのことを念頭におかなければ，表現活動は次第にあいまいになり，枯渇してしまいます。子どもは表現の目的もつかめないまま，自覚のない内容が，無感動な作業に陥ってしまうのです。

　意欲をもって事にあたるとか，ものを判断する力というのは，めあてをもって生きていける力であり，自分で自分を成長させていける力です。造形表現は，めあてをもった仕事をやりぬくなかで，自分をつくっていくことです。

　本書は，福岡教育大学美術教育講座の教員や卒業生たちが，学校現場に広く活用され，造形教育・図画工作科の内容に興味をもたれている方々へ，見て役立つ図書をつくりたいと思ったことが，誕生のきっかけです。利用される方々が，造形教育に厚みを加えることに期待を寄せる次第です。

　最後に本書の発行にあたり，多大なご協力を頂いた皆様に厚くお礼申し上げます。

この本を読む人へ

　この本を読む人は,「先生」であったり,「先生」をめざす学生であったりするでしょう。

　この本は,まちがいなく昔,図画工作好きだった少年たちが書きました。だから,ここに書かれてあることはみんな,子どものころから試したり,失敗したり,偶然に見つけたりしながら積み上げてきたことのなかから生まれた図画工作,美術の,授業や授業づくりのヒントだということができます。そして,学校の教室で子どもたちと出会いながら,大学の演習室で学生たちと練り合いながら,磨き続けているものなのです。

　だから,学校で,子どもたちと図画工作,美術の授業づくりにとりくんでいる先生方には,同じゴールをめざして走り続けているランナーたちの声として受けとめていただければ嬉しい限りです。また,教師をめざす学生には,これからむかう子どもたちの教室での元気でにぎやかな図画工作,美術の授業のありようをリアルにイメージするためのボイスレコーダー,手がかりとしていただければありがたいです。

　いずれの読者のみなさんも,この本をきっかけに,そのままでもよし,また,自分のスタイルで,また,目の前の子どもたちの暮らしに合ったかたちに変えて,実際に描いたりつくったり活動したりすることに,ぜひ一つ,とりくんでいただければと思います。そうすれば,また新たな種がそこに生まれ,教育という畑のなかに,子どもたちの大好きな図画工作,美術の活動が繁っていきます。

　それが,わたしたちがこの本をつくったねらいです。

　この本は,いまの教科のかたちに近くなるよう,三つのまとまりで組み立てました。

　一つは,「描いてみよう」。心に思いうかんだ,からだでとらえた美しい色やかたちを,思いのままに表すことの楽しさについてまとめたものです。

　二つめは,「つくってみよう」。かぶる,にぎる,使うなど,からだ全体で,つくって楽しめるものづくりについてまとめました。

　三つめは,「みつめてみよう」。日々の暮らしのなか,ほんの少し手を止め,立ち止まってみつめることで,美しいものがそこにあることに気づく。そんな暮らしをはじめることについてまとめました。

　美術表現の世界は限りなく広いものです。だから,この本に示した活動もその全部ではなく,この本をつくったメンバーが,これまでいろいろな世界へ旅した足跡の記録を集めたものなのです。まだ踏み入れていない場所は無限にあります。この本から,また新しい美術表現の旅,子どもたちとともに出かける旅がはじまることを願います。

（笹原 浩仁／美術教育）

● 目次 ●

本書の発行にあたって …………………………………………………… 2
この本を読む人へ ………………………………………………………… 3

1 描いてみよう … 7

- 色のくにからきたなかま　コラージュで描こう ……………………… 8
- ぬってけずってスクラッチ　コリコリけずって描く ………………… 10
- 10才のわたし …………………………………………………………… 12
- ギョ！タク版画　紙粘土で版画を刷ろう ……………………………… 14
- ようこそ！私たちの世界へ　ハトメを使って動かそう ……………… 16
- 私の心と　とけあった木　心のもようと木の特徴を組み合わせたら … 18
- もう一人の私　いろいろな「描き方」，いろいろな「自画像」 …… 22
- この気持ちはどんな色？　色で私を表現しよう ……………………… 26
- 見えないから見えてくるもの …………………………………………… 27
- 絵の具の研究　絵の具の混色について学ぶ …………………………… 28
- 水彩絵の具の使い方　基本的な使い方と表現効果について ………… 30
- 墨色の世界　濃淡と筆使いを習得して水彩画を描く ………………… 32

  コラム　図工室をきれいに変身させる ………………………………… 36

2 つくってみよう … 37

- お面をつくろう　自分の「守り神」〜スッポリかぶれる「お面」のせいさく … 38
- 秋のぼうし　＜造形遊び＞　季節の中で遊ぼう ……………………… 40
- モビールの楽しみ　ゆうゆうとたゆたう空間の造形 ………………… 42
- 夢あふれるMUNAKATAランド ……………………………………… 44
- パズルの街　私だけの街をつくろう …………………………………… 46
- 組み木のパズル　板から生まれるいきものたち ……………………… 48
- 「ねぶた」づくり＜共同制作＞　みんなでつくってたくさんの人に楽しんでもらおう … 50
- まわるまわる色が変わる　ぶんぶんゴマで混色を楽しもう ………… 52
- どんな気持ち　色とかたちで表わそう ………………………………… 54
- ポスターで伝えたい！　一目で伝わるポスターの描き方 …………… 58
- クレヨンをつくろう ……………………………………………………… 62
- いい音するかな？ねん土で鈴をつくろう　土鈴づくり ……………… 64
- 木の匙をつくろう1　バターナイフづくり …………………………… 66
- 木の匙をつくろう2　つくろう！ごちそうスプーン ………………… 68
- ピカピカ銀メダルをつくろう　溶けた金属に紙粘土鋳型に流し込もう … 70
- キラキラな顔をつくろう！　溶けた金属に鋳型に流し込もう ……… 72

  コラム　子どもの気分になって図工室で活動 ………………………… 74

3 みつめてみよう ... 75

- パブリックアート　自分たちの美術館 ... 76
- どっちが強いかな？　仁王像を比べよう ... 78
- どんな人かな？　誰と誰が仲良しかな？ ... 80
- 近くのアートをさがしてみよう ... 82
- 美術館に行ってみよう ... 84
- 美術館で学ぼう，楽しもう　ワークショップに参加してみよう ... 86
- 作品を飾ってみよう　作品のよさを工夫して伝えよう ... 88
- 作品をつくる　アーティストの栗林隆さんに聞いてみました ... 90

図工実践記録　2013 ... 92
執筆者一覧 ... 95

評価の観点

評価の観点に記載されている内容は，観点別評価のねらいを想定して示されています。また，特に重要視したい観点は●（黒丸）で表示しています。

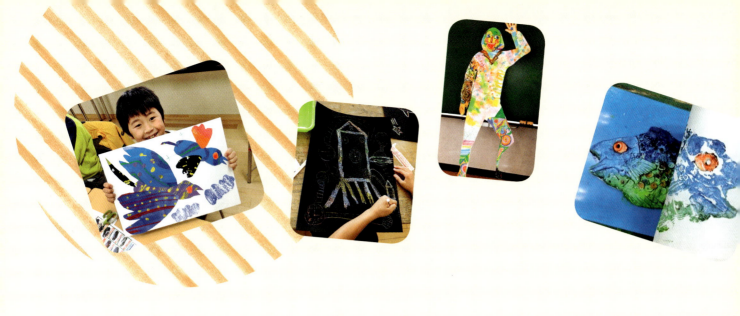

1 描いてみよう

対象学年　小学校低学年〜

色のくにからきたなかま
コラージュで描こう

概要・コンセプト

絵の具で楽しく色あそび。すてきな色紙をたくさんつくります。
それをチョキチョキはさみで切って，のりでペタペタはりつけて，「色のくにからきたなかま」をつくっちゃおう。

評価の観点

○絵の具の色づかいのおもしろさを楽しむ。
○自分でつくった色紙の色やもようのおもしろさから，描きたいものを想像する。
○色紙の色やもようのおもしろさを生かしながら，描きたいものを表す。
○色とかたちがつくりだす絵のおもしろさを味わう。

材料・用意するもの

- 画用紙（色紙用…薄手，台紙用…厚手）　● 絵の具（共同絵の具）
- はさみ　● スティックのり　● のりつけ台紙（広告紙）
- できた色紙を入れておくカゴ

学習問題　コラージュで，切って，はって，描いてみよう

絵本『はらぺこあおむし』でおなじみのエリック・カールさんは，色紙をつくって，それを切って，はって，絵を描きます。そんな楽しいやり方コラージュで，いっしょに遊んでみたい「色のくにからきたなかま」の絵を描いてみましょう。

はじめは，絵の具でたっぷり色あそび。すてきな色紙をたくさんつくろう

- 絵の具をたっぷり用意して，紙にササーッと色をぬってみましょう。筆あとあざやかに，いろいろ，いろんな色をぬってみましょう。
- その紙が乾いたら，今度は，ズイズイもようを入れたり，ポチョポチョ色のてんてんをつけたり，またまた，そこに筆のもつところの棒でシャカシャカこすりを入れたり，もう，絵の具あそび，色あそび。ぞんぶんに楽しみましょう。
あまりはしゃぎすぎて，こぼしたり，まきちらしたり，「絵の具地獄」にならないように。
- 友だちの「わざ」を見てまわると，必ず新しいぬり方を見つけることができます。

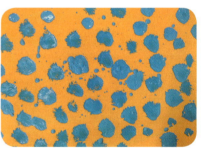

使用する紙について：
エリック・カールさんは，トレーシングペーパー状の薄い紙を使用しています。紙と紙との色の重なりがきれいですが，子どもたちには，薄い紙ののりづけは難しいようです。

2 あそんでみたい「なかま」を考えて，チョキチョキ，ぺたぺた，はさみとのりで描いていこう

- 「学校の帰りに，校門のところまでむかえにきてくれるの」「釣川のところにいて遊ぶの」と，いっしょにあそんでみたい「なかま」の動物を，考えました。音楽の授業で歌っている曲「パフ」を歌いながら，イメージしていきました。
- イメージが生まれたら，いちばんぴったりの色紙を選んで，からだをチョキチョキつくります。そして，いちばんすてきな色の組み合わせ，もようの組み合わせを考えながら，全体をつくっていきます。
- のりは，広告紙のうえで，紙のはしまでしっかりぬってはっていくようにします。ぬったところに色がつく（乾くと消える）スティックのりが便利でした。

はさみでチョキチョキ，のりを台紙の上ですみまでつけて，はったらしっかりおさえます。
色紙えらびも大切。ぴったりの色がないときは，みんなでつくった色紙コーナーにさがしにいきましょう。

3 「なかま」登場！みんなにしょうかいしよう

- 自分の「なかま」，友だちの「なかま」。しぜんと気になって交流会がはじまります。クラスの友だちの人数だけ，いろいろな「なかま」が登場して，楽しい交流の時間が生まれました。

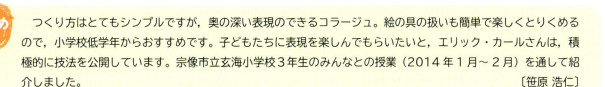

まとめ つくり方はとてもシンプルですが，奥の深い表現のできるコラージュ。絵の具の扱いも簡単で楽しくとりくめるので，小学校低学年からおすすめです。子どもたちに表現を楽しんでもらいたいと，エリック・カールさんは，積極的に技法を公開しています。宗像市立玄海小学校3年生のみんなとの授業（2014年1月〜2月）を通して紹介しました。

〔笹原 浩仁〕

対象学年　小学校低学年〜中学生

ぬってけずってスクラッチ
コリコリけずって絵を描く

概要・コンセプト

白い紙にペンや筆で線を描くのも絵ですが，くらい画面をとがったものでコリコリけずって描く絵もあります。それが，スクラッチ。

ひたすらコリコリやりながら，かたちや色をけずりだして，絵を描いてみよう。

材料・用意するもの

- ケント紙（または画用紙） ● 絵の具一式 ● みつろうワックス ● ボロ布
- アクリル絵の具（黒または濃色） ● 版画ローラー
- ニードル，クギなどけずる道具 ● フィキサチーフ（定着スプレー）

評価の観点

- ○けずって描くことを楽しむ。
- ○あらわれてくるかたちや色のおもしろさからイメージをふくらませて描く。
- ○いろいろなけずり方を生かして描く。
- ○けずって表れてくるかたちや色のおもしろさを味わう。

学習問題　くらいところからどんな絵がでてくるかな？

スクラッチで描く絵は，基本，くらい画面から，かたちや色をけずりだしながら絵を描いていく。そんな場面を思い浮かべながら，描く絵を考えよう。夜だったり，海の底だったり…。

いろいろうかんで，わくわくするね。

1　ケント紙にあざやかに色をぬろう

- 用紙は，表面がなめらかで，あとからけずりやすいケント紙を使います。もちろん，いつもの画用紙でもOKです。

- 最初に，用紙にあざやかに色をぬります。画面をくらくして，けずっていくので，でてくる色は「あざやか」なほうがよく見えます。
描く絵を考えてから色をぬってもいいし，描く絵を考えずに色遊びを楽しみながら色をぬってもいいのです。

2　絵の具がかわいたら，みつろうワックスをぬろう

- 絵の具が乾いたら「みつろうワックス＊」をぬります。ハンドクリームみたいになった「ろう」だと思ってください。それをボロ布につけて，用紙全面にぬります。この「ろう」の皮膜のおかげで，あとから画面をぬりつぶすアクリル絵の具が，けずるとポロポロはがれるわけです。ぬったかどうか，パッと見てもわかりにくいので，ぬり忘れには注意！

＊みつろうワックス…ミツバチの巣の「ろう」を成分にしているので「みつろう」といいます。油でゆるく溶いてペースト状になっているものを使います。

3 アクリル絵の具で用紙をぬりつぶそう

- みつろうワックスが少し落ち着いたら，今度はアクリル絵の具で用紙全体をぬりつぶします。版画ローラーを使って，サーッと，ぬりつぶしてください。
- はじめから描く絵を考えて下地の色をぬった場合は，下地の色が見えるていどに加減して，けずる場所の見当がつくように，ぬりつぶしてください。

4 さあ，思うぞんぶんスクラッチ！

- アクリル絵の具が乾いたら，思うぞんぶん，コリコリコリコリ，スクラッチを楽しみながら絵を描いていきます。ニードル，クギ，そのほかアクリル絵の具をはぎとれるものをいろいろ工夫して描いていきましょう。
- けずりまちがいは，アクリル絵の具で修正することも可能です。
- スクラッチした絵に，さらに筆を加えて仕上げることもできます。

ニードルで見当をつけながらコリコリけずっていきます。

筆で絵の具を加えて，仕上げてもいいのです。

描き上がったら，フィキサチーフで絵の具を定着させます。

タイトル「ほしのこえ」大学2年生の作品です。

すてきなスクラッチギャラリー『まほうの時計』

福岡県津屋崎小学校の先生方の素敵な教材研究作品です！

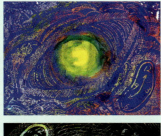

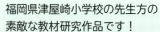

まとめ 子どもも大人も，あまり経験のない「けずって描く」スクラッチ。描くことを新鮮に感じます。大牟田市立米生中学校の山下吉也先生からヒントをいただいた授業です。

〔笹原 浩仁〕

対象学年　小学校高中学年〜

10才のわたし

概要・コンセプト

「10才になるわたし」をいま残しておこう！そしてみんなに見てもらおう！そんな思いからこの実践をはじめました。

お面づくりや等身大の自分をつくる活動を通して，自分自身や友だちと交流することで自分を見つめながら，10才のわたしをつくりだすことができるようにしよう。

評価の観点

- わたしを振り返って，自分のよいところ探しを楽しむ。
- わたしらしさを表すために，どんなポーズがいいか，いろいろと試したり，見つけたりする。
- これまでの経験を生かして，表したいことを表現するための色や技法を工夫する。
- みんなで展示方法を工夫し，楽しみながら鑑賞する。

材料・用意するもの

- お面：●風船　●新聞紙　●印刷紙　●習字用半紙　●のり（洗濯のり）
- 体：●模造紙（大きいサイズのもの）　●絵の具（ポスターカラー）　●クレヨン　●ローラー　●筆　●コラージュ用の紙

学習問題　自分の型の中に，ありのままのわたしを表現しよう

等身大に表現したからだにお面をつけて，いましかつくることのできないわたしが完成したら，もう１つ楽しいクラスが増えたみたい。

1　10才になるわたしについて振り返ろう

- 10才のわたしの好きなものがたくさん詰まったお面をつくるために，プリントを使って10才のわたしを振り返ります。好きな食べもの，好きな色，好きなもの，大切なもの，自分のチャームポイントなど，自分に関することをあげていきます。
そこから，お面に表現するものを選びながら，アイディアスケッチをしていきます。

2　お面をつくろう

- まず，新聞紙，印刷紙，習字用半紙を適当な大きさにちぎります。
つぎに，風船を自分の顔ほどに膨らまします。風船の半分のところに線を引き，それに沿って新聞紙，印刷紙，習字用半紙の順番で貼りつけていきます。
このとき，最低でも新聞紙が3層，印刷紙が3層，習字用半紙が3層あればよいと思います。次の日にはカチカチに固まっています。
- アイディアスケッチをもとに薄く下描きをしていきます。
下描きが終わったら，いよいよ色をつけていきます。

3 等身大の自分のからだをつくろう

- 顔が完成したところで,「顔だけでは10才のわたしは完成ではない」ということで,等身大の自分のからだをつくりだします。
大きな模造紙の上に横になって10才の自分の型をとっていきます。
このとき,10才のわたしらしさが現れるようなポーズにしようということで考えていくと,○○しているわたしや○○が得意なわたしなど,自分を振り返りながら活動できます。

4 「10才のわたし」に色をつけよう

- 10才のわたしが好きな色やものを型の中に自由に表現していきます。
- これまで学習した技法を使いました。
絵の具やクレヨン,パステルでただ塗りつぶすのではなく,スクラッチやドリッピングなどの技法を使うことで表現の幅が広がります。アクセントとしてコラージュもしています。

5 「10才のわたし」を展示しよう

- 完成したお面と体を合わせて展示しました。
大きい作品なので,広い場所に展示するとよいと思います。

まとめ 多くの教材・材料や環境を整える必要性を感じました。多種の材料に触れることで,子どもたちは「こうしてみよう」「あっ!こんなのもいいな」と,発想を広げて活動し,自分の心をオープンにして「わたし」を表現することができたと思います。

〔永田 真奈実〕

対象学年　小学校中学年〜

ギョ！タク版画
紙粘土で版画を刷ろう

概要・コンセプト

彫り込むだけが版画ではありません。紙粘土でレリーフをつくってお手軽版画に挑戦です。魚拓(ギョタク)をとる気分で絵の具をつけて版画を刷ってみましょう。刷ったあとは，紙粘土の版もレリーフとして飾ってみよう。

材料・用意するもの

- 紙粘土（伸びるタイプ，Kクレイ・のびーるエアクレイなど）　● 粘土板
- 粘土ベラ　● ゼムクリップ　● 水彩絵の具セット　● 版画用紙
- 模様をつける小物（粘土ベラ・木ネジ・ドライバー・爪楊枝など）

評価の観点
- ○進んで表現する態度を育て，つくりだす喜びを味わう。
- ○海の生き物から連想して，豊かな発想をする。
- ●様々な道具を用いて型をつくり，版表現を工夫する。
- ○自他の作品から，よさやおもしろさを感じ取る。

学習問題　紙粘土で海から釣り上げたい想像の生き物をつくってみよう！

紙粘土を付けたり取ったり伸ばしたりしながら，粘土板の上に海の生き物をつくろう。形にそって大きなデコボコをつくったり，道具を使って小さなデコボコをつくってみよう。絵の具をつけて，紙を押し当てて版を刷るとどんな効果がでるかな。仕上げには，つくったレリーフにも色をつけて，版画作品とレリーフ作品の二つが完成だ。

1　紙粘土で海の生き物のレリーフをつくろう

- 使用する紙粘土は，どんな種類でもつくることができます。
  レリーフとして壁にかけるには軽い方がよく，今回は軽量，粘土同士の接着性，伸縮性，耐水性を考慮して「Kクレイ」を使用しています（Kクレイはクラフテリオ社の商品です。軽量の伸びる紙粘土は通常のものよりも割高ですが，扱いやすさはピカイチ）。もようをつけてもはっきりとでにくいというデメリットはありますが，乾燥後も柔軟性を保っており，レリーフに反りがでても割れることなく，版として使用できます。
  一般的な紙粘土では，粘土同士の接着が甘いと，乾燥後にばらばらになりやすいので注意が必要です。
- 紙に下絵を描いて，その上に直接紙粘土をつけていくと，スムーズに形づくりに入ることができます。また，粘土板から剥がしやすく，表面がある程度乾燥したあとに裏返して下絵の紙を剥がすと，裏面が早く乾燥します。

下絵の紙の上に作成した様子

ゼムクリップを変形させてフックをつくりレリーフにつける

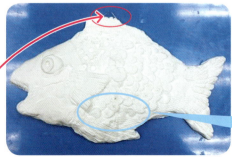

木ネジを使ったもようづけ

部分拡大

2 魚拓のように版画を刷ろう

- 紙粘土が乾燥したら，版画の版として使えます。表面に水彩絵の具で色をつける際，水を多め目に混ぜたほうがきれいに色を刷ることができます。色をつけるのに時間をかけすぎると，絵の具が乾いて，きれいに刷れないので注意。
- 刷りは，バレンを使わず手で押さえるだけで刷れます。凹凸の大きい箇所は指を使って細部をしっかり押さえましょう。
- 版画用紙には表裏があります。通常はツルツルした表を使用しますが，今回は吸い取りの強い裏面を使用しました。刷りにあった面を試しながら刷ってみましょう。

3 レリーフを着色しよう

- 版画に使って色のついた魚の版を，今度はそれ自体をレリーフとして飾れるように着色していきましょう。細部に色づけすることで，味わいのあるレリーフが完成します。今回は，古びた感じをだすために，一度濡れぞうきんで拭いたあと，部分的に色をつけました。版画の際についた濁った色や拭きとった跡，部分的に見える鮮やかな色が入り混じって，レリーフとしての深みがでていると思いませんか。
- 仕上げに水性ニスを塗ります。
- Ｋクレイの伸縮性を活かして，凹凸の強調や細かなつくり込みでレリーフ作品をメインとしてつくることもできます。逆に，版としては刷りにくくなってしまうのが欠点です。
- 色を塗った台紙にのせると生き物の世界観も表現できます。

濡れぞうきんで拭いた状態

ニスを塗って壁にかけた状態

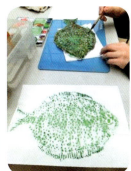

カラフルな色　　細かなもようが生きています　　台紙に直接貼りつけながらつくると，そのまま飾ることができます。紐状の形を活かして画面全体を使った構成ができています　　もようの凹凸が強いと，凸部分の周りの色がほとんどでなくなってしまいます

まとめ　準備が大変な版画の授業も，紙粘土でつくると比較的簡単に行うことができます。先生方の抵抗感が少しは軽減されるのではないでしょうか。また，いろいろな紙粘土が商品化されていますので，その紙粘土の特徴を生かしたつくり方を考えると，さらに表現の幅が広がっていくことでしょう。

〔加藤　隆之〕

対象学年　小学校高学年〜

ようこそ！私たちの世界へ
ハトメを使って動かそう

概要・コンセプト

普段生活している空間にはたくさんの「顔」が隠れています。いつもの見方を少し変えてその「顔」を探してみましょう。

見つけた「顔」にハトメを使って動く手足をつけてあげると、「トモダチ」になって私たちの世界に飛びだしてきた！今度は、「トモダチ」たちの世界をのぞいてみよう。

材料・用意するもの

- ●デジタルカメラ　●パソコン　●プリンター　●ラミネーター　●穴あけパンチ
- ●ハトメ　●はさみ　●両面テープ　●のり
- ●画材（画用紙、水彩絵の具、クレヨン、パステル、色鉛筆、定着液…など）

評価の観点

- ○見方や向きを変えて「顔」探しを楽しむ。
- ●「顔」を見つけた場所や用途などの特徴から、表したいことを見つけ、かたちや色、性格などのキャラクター設定を行う。
- ○「トモダチ」の特徴や性格に合わせた場面（背景）の表し方やハトメを使った動きを工夫する。
- ○感じたことや思いついたことのよさを味わい、伝え合う。

学習問題　もし動いたら…を現実に

もし、魔法みたいに「顔」が動きだしたらどうなるのだろう。力持ちかもしれないし、はずかしがりやかもしれない。想像の世界を広げて「トモダチ」をつくろう。

「顔」を見つけて「トモダチ」をつくろう

- 授業を行う1週間くらい前から、子どもたちに学校の中で「顔」に見える場所を探しておくように伝えておきます。グループに分かれて見つけた「顔」をデジカメで撮影し、パソコンで確認して普通紙に印刷します。印刷した写真は〈ラミネート加工〉* します。
- 写真を撮った場所や、写真の「顔」の用途などの特徴を活かして、「トモダチ」の〈キャラクター設定〉** を行います。写真の「顔」に合わせて画用紙にからだや手足を描き、できたら「顔」・「体」・「手足」をそれぞれ切りとって穴あけパンチで穴をあけ、ハトメでつないでいきます。手足を長くつくっておくのがポイントです。「トモダチ」の誕生です！！

*　水にぬれても大丈夫なようにラミネート加工を行います。ただの写真は水に弱いのでおすすめしません。

**キャラクター設定は細かく行っておくと「トモダチ」の住む世界をイメージしやすくなります。クラスみんなのキャラクターを冊子にまとめ、「トモダチ」図鑑として置いておくとアイデアの交換ができます。

2 「トモダチ」の世界を描こう

- 「トモダチ」たちが私たちの世界に現れたら，今度は「トモダチ」たちの世界をのぞいてみましょう。
- 自分のつくった「トモダチ」と対話しながら「トモダチ」の住んでいた世界を画用紙に描いていきます。子どもたちはおままごとのように「トモダチ」に話しかけたりしていました。
- 今回の活動では，最初にパステルを使って「トモダチ」たちの住んでいる世界に色をつけ，その上からクレヨンや絵の具，色鉛筆を使って描き足していきました。

3 「トモダチ」にポーズをとらせよう

- いよいよお別れのときが近づいてきました。「トモダチ」の世界ができたら，その世界の中に「トモダチ」を入れてあげます。「トモダチ」が一番ステキに見えるとっておきのスペシャルポーズがいいです。
- 「トモダチ」のポーズが決まったら，のりと両面テープを使って貼り込みます。さようなら「トモダチ」，またきてね。子どもたちはとても真剣にポーズを考え丁寧に貼り込んでいました。

4 みんなのトモダチの世界をのぞきにいこう！

- 「トモダチ」たちが自分の世界に帰ったら，みんなで「トモダチ」たちの世界をのぞきに行こう。いろんな「トモダチ」がいておもしろいね！

まとめ 一般的に描く絵の表現では動かない主人公が，「トモダチ」に変身して動いているところをイメージして描きます。実際に動いた方がもっと楽しいのではないかと考え，ハトメを使うなど，わたしなりの工夫をとり入れて活動してみました。

〔宮川 華南美〕

対象学年 小学校中学年〜

私の心と とけあった木
心のもようと木の特徴を組み合わせたら

概要・コンセプト

　校庭に植わっている木の特徴を五感で感じとり，見つけたり感じたりしたことを簡単な言葉に表します。その表したい感じに近づくように，モダンテクニックの経験やこれまでに扱った材料の感じの組み合わせ方を工夫させます。木から感じた心のもようを簡単な言葉や色・かたちに表現することで，スケッチによる観察的な表現とは異なった木の表現方法に気づくはずです。また，友だちの発想と相互交流をすることで，同じ言葉でも違った色やかたちが生まれたり，同じ色やかたちからでも違った言葉を発想することを知り，多くの個性や違いに気づき，認め合う感性が育ちます。

　二つの単元を連動させた内容となっていますが，共通して習得させたい力（表したいものを工夫して表現する力，自他の表現を認め合う力）に重点をおいて授業を展開しましょう。また，木のスケッチでは個別指導を重視し，児童それぞれの表現力の向上をめざします。

評価の観点
- ○いろいろな言葉がいろいろな色やかたちで表現できることを楽しむ。
- ●言葉から発想した色やかたちを味わい，組み合わせる発想を広げる。
- ○思いが伝わるような表し方を工夫している。
- ●自分や友だちの作品を見て相違点に気づき，そのよさを感じとる。

材料・用意するもの
- ●画用紙（小）　●鉛筆　●消しゴム　●パス　●クレヨン　●画用紙（四ッ切）
- ●水彩絵の具　●パレット　●筆洗　●筆　●学習プリント

学習問題　言葉をうまく使ったら，表したい心のかたちや色が見えてきた

　言葉やイメージをかたちや色につなげてみると，いろいろな表し方があることを発見！同じ木を見ても，感じ方や表し方が違っていてもいいんだね。

モダンテクニック

絵の具やパス，クレヨンなどを使って，偶然にできる色や形を楽しむ技法。
はじめは偶然の産物でも，試しているうちに子どもたちは自然と工夫しはじめます。

にじみ

バチック

スパッタリング／吹き流し／かすれ／点描

にじみ・たらしこみ／ドリッピング

ローラーの重ね塗り

18

言葉から心のもよう を発想する　言葉と心のもようをつなげるゲームからはじめましょう！でも，答えは一つとは限りません。共通点や違いを見つけると・・・いつのまにか デザイン の扉を開けているのです。

1 言葉と心のもようをつなげよう（導入）

- 準備した言葉のカードを掲示し，心のもようカードを見せながらどの言葉とつなげるとよいか尋ねます。
あれこれ迷うようなカードや，イメージがしっくりとはまるようなカードをいろいろとつくっておきましょう。子どもたちが「どうしてそう思ったか」意見交換することが大切です。多数決で決めても構いませんが，正解や不正解があるわけではないということを，しっかりと確認しておきましょう。

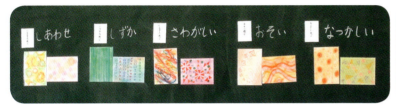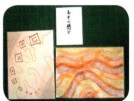

2 言葉と心のもようをつなげよう（ゲーム）

- 「今日は先生が選んだ８つの言葉から１つを選んで心のもようカードを描いていくよ。言葉カードはくじ引きで決めるから，何があたったかは自分だけの秘密だよ。だってゲームをするときにだれがどの言葉を描いたか分かったらおもしろくなくなるからね。」と前置きをしてからグループごとにくじを引かせます。
- 短時間でカードを完成できるように，子どもたちの持っている色鉛筆やクレヨン・パスに加え，パステル（ハード・ソフト）などを準備します。時間があれば，モダンテクニックの復習を兼ねて，絵の具やローラーを用いるのもよいでしょう。

ゲームのルール

1．先生が「準備」といったら人差し指を口の前に持っていき，ひみつのポーズをとる。
2．先生が「やさしいかんじ」など『言葉』をコールする。そのあと少し時間をあけ，「せーの」と号令をかける。この号令にあわせて自分が『言葉』から感じた心のもようカードを指さす。
3．どうしてそのカードを選んだのか意見交換する。　　※１～３を繰り返す。

木から感じた心のもようを発想して表す

ここでは、心のもようを表す活動を発展させた、❶・❷2つの木を表現する活動を紹介します。
❶ 木の枝や幹、葉や根から感じたもようを表現してから、パズルのように組み合わせる方法。
❷ 木から感じたもようを表現してから、写生した木の表現に組み合わせる方法。

1-1 木から感じた言葉を集めよう

- 根っこ、みき、えだ、はっぱが木のどの部分にあたるのか確認する。
- 感じたことを簡単な言葉にして多く集める。

※1の方法では、言葉から心のもようを発想する活動を重視することから、多くの言葉がでにくい場合は、異なった木を見て言葉を追加しても構いません。

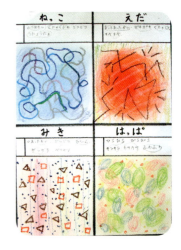

1-2 言葉を心のもようとして表そう

- 集めた言葉から発想を広げ、心のもようをパスや絵の具で表します。

※それぞれの心のもようカードは統一感がなくても構いません。

1-3 心のもようを組み合わせて木を表そう

- 見た木の中から印象に残っている木を思い出し、心に残っていることが伝わるように、心のもようカードの組み合わせ方を考える。
- 鉛筆で下描きをしたら、バチックの技法も使いやすいように、クレヨンやパスでもようを描きはじめる。絵の具はソースの濃度からお茶の濃度を使い分け、最後にパステルや色鉛筆を使うと効果的に描くことができます。
- 完成した木が引き立つように、背景の色やかたちを工夫して表しましょう。

1-4 作品カードの記入・鑑賞をしよう

- 題名や工夫したところなどをカードに記入します。
- 完成したら、みんなで作品やカードを鑑賞し、意見交換をしましょう。

この方法は言葉からの発想を中心に進めており、完成した作品は木の各部から発想したもようを積み重ねたパズルのように表されます。色や形が組み合わさった心のもようは個性的ですが、木の全体像は様式化されます。
また、図画工作における言語活動の一例として、可能性を感じる内容となりました。

私の心と とけあった木

2-1 木を見たり触ったりしてから写生をしよう

- 図工室や廊下に木を描いた名画などを掲示し，日常的に絵にはいろいろな表現方法があることを感じさせます。
- 校庭の木を色々なところから見たり触ったりして，感じたことを言葉で記録しておきます。
- 木から感じたことや思いが伝わるように表し方を工夫して，木を写生します。

2-2 言葉を心のもようとして表そう

- 記録した言葉から発想を広げ，心のもようをカードに表します。
- 完成した心のもようカードを発表し合い，様々な表現方法があることを確認して，よいところを自分の表現に取り入れます。

2-3 心のもようを組み合わせて木を表そう

- 木から感じたことや思いが伝わるように表現を工夫して，心のもようカードを参考に木を着彩します。

※活動の途中に，写生した木を見に行くことも大切です。これまでの活動を通して，違った見え方がするかもしれません。

まとめ ❶と❷の違いのように，育てたい感性や技能の観点について工夫することで，同じ単元でも異なった展開が可能となります。そばにいる子どもたちの様子をよく見て，より効果的な授業づくりを考えてみましょう。

〔宮川 華南美・山口 真奈・永田 真奈実・松久 公嗣〕

対象学年　小学校中学年〜中学生

もう一人の私
いろいろな「描き方」，いろいろな「自画像」

概要・コンセプト

「描き方」というと一つの手段を強制し，子どもの自由な表現を妨げるイメージが強いようです。しかし多くの「描き方」を習得してこそ，思いに合った表現方法を選択し組み合わせるといった工夫ができ，自由な表現につながるのではないでしょうか？

よく見る・感じることを通して，「自分だけの色使い」で自画像を描くことをめざし，描く対象のかたちをとらえる力やより豊かな色彩感覚を身に付けましょう。

評価の観点
○色々なかたちや色を見つけたり感じたりすることを楽しむ。
●見つけた色やかたちの表し方や，組み合わせる発想を広げる。
○思いが伝わるような表し方を工夫する。
○自分や友だちの作品を見て，よさや美しさを感じとる。

材料・用意するもの
● 画用紙（八ッ切）　● 鉛筆　● 消しゴム　● 鏡　● コピー用紙　● 画用紙（四ッ切）
● 水彩絵の具　● パレット　● 筆洗バケツ　● 筆（数本）　● 油性マジック
● スポンジ　● 版画用インク　● トレイ（練り板）　● はさみ　● 接着剤

学習問題　顔の中にいろいろな形と色を見つけた！

ここでは画用紙に大きく顔を表すことからはじめ，よく見ていろいろなかたちや色を見つけたり，感じたりすることを重視した，ひとつの「描き方」を試してみましょう。

1　紙を顔に当てて鼻をつまもう

● 画用紙（八ッ切）に近い大きさのA4〜B4のコピー紙を顔にあてて鼻をつまんでみると，鼻の位置が一目瞭然！！
紙にすっぽりと頭からあごの先まで入るように，友だちと確認しながら進めると良いでしょう。

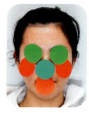

2　紙についた印の位置に鼻を描こう

● 鼻の幅を指で確かめながら，実物大の鼻の大きさを意識して描いてみましょう。目や鼻，口などのパーツは直径4〜5cmの大きなたこ焼を想像して ○（円）を描き，その円の距離や重なりを描くと，位置関係がつかみやすくなります。

3　眼や口も○（円）を参考に描こう

● ○（円）いっぱいに，丸いかたちと比べながら複雑な形を観察して描きましょう。見えたままに描きたいという子どもには，効果的な「描き方」の一つです。

4　輪郭や髪，口や耳を描き進めよう

● 顔の中心に近い（鼻）から描き進めることで，位置関係のバランスを感じながら輪郭を描くことができます。
● 描きはじめの鼻の位置と大きさが重要なので，十分に時間をかけて描き，輪郭や髪の線描きもゆっくりと進めましょう。また画用紙いっぱいになるまで，首や肩を描かせましょう。このときも，首の太さや肩幅に気をつけます。

5　顔に手のひらの中の明るい色を塗ろう

- 鉛筆で描いた線を油性マジックでなぞります。
顔の色は人それぞれ異なります。まずは手のひらを見て，その中の一番明るい色を探して塗ってみましょう。
どの色がいいか迷ってしまうときは，「ひよこ色」からはじめてみてください。
目にも塗ってしまうことで，白目の白色（真っ白ではないはず）を意識しやすくなります。

6　髪に顔の色の〈補色〉を塗ろう

- 〈補色〉は「色の輪〈色相環〉」の反対方向にある色です。
26頁，57頁を参考にして下さい。
互いの色を鮮やかに見せたり，黒髪や茶髪の色に深みを加える効果があります。
ここでは，「ひよこ色」の補色に当たる「明るい青色」を塗ってみました。

7　顔や髪に10個の色を見つけて塗ろう

- 下地の色をよく乾かしたら，いままで以上に顔をよく見つめて多くの色を発見しましょう。
見つけた色は少し強調して塗ってもいいし，微妙な違いを繊細に使い分けてもいいでしょう。

よく見るマネキンのような着色と，
今回の着色のちがいです！

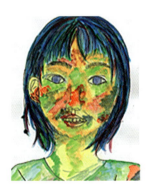

次に，背景を表現して組み合わせてみましょう

※顔が完成！ここで終わってもかまいませんが，さらに背景を工夫することで，「いろいろな私」に変化させてみましょう。

8 背景をローラーで描こう

- 四つ切り画用紙いっぱいにローラーで色を重ねたり，もようを描いたりします。自画像の背景になるので，「自分らしい色や表現を見つけること」を意識させます。
- ローラーで行う活動の前半は明るい色（赤，ピンク，オレンジ，黄，黄緑，水色）を使い，ローラーでできる表現を一通り体験させ，後半は明るい色に加え，濃い色（紺，青，緑，紫）と白も使って良いことにします。
- ※ ここでは水性版画用インクを使用しました。絵の具より渇きやすく，水洗いが簡単なため版画用インクを選びましたが，指導者が扱いやすいと思われる画材を選んでください。

9 自画像を切り取り，背景に貼って完成！

- 八つ切り画用紙に描いた自画像を切り取り，四つ切り画用紙の背景に接着剤で貼りつけたら完成です。

自画像と背景を組み合わせたら，
より自分らしい雰囲気になったよ！

応用編

- ざら紙や英字新聞などにローラーで色を重ねたものを材料とし、はさみで自由に切って自画像とともにコラージュしてもおもしろい作品になります。
パステルをぼかして隙間を埋めると、よりカラフルな世界が広がります。

不思議の国の王様になったよ

お洒落な帽子をかぶってみたよ！
似合ってる？

カラフルな海の中に入り込んだよ！

まとめ　子どもの絵には、形や色の正確さにこだわらない自由な表現と魅力があります。また一方で、見たままに正確に描きたいという衝動もあり、幼児期から芽生えた2つの方向性について、豊かな体験を通じて様々な個性や表現の理解へと導くことが重要です。

〔山口 真奈，松久 公嗣〕

対象学年　小学校中学年〜中学生

この気持ちはどんな色?
色で私を表現しよう

概要・コンセプト
ここでは自分の好みや性格・感情といった見えないものを，色にたとえて表現することを重視した「描き方」を紹介！

材料・用意するもの
- 画用紙（八ツ切）　● 鏡　● 鉛筆　● 消しゴム　● 水彩絵の具
- 紙パレット（紙皿）　● パレットナイフ

※通常の水彩絵の具では，色を厚く重ねると割れるので注意して下さい。

評価の観点
- ● 自分の気持ちや感情を色で表すことを楽しむ。
- ○ 自分の気持ちや感情を色に置き換えたり，心地よい組み合わせを考えたりする。
- ○「色のわ」の補色を見つけ，組み合わせ方や描き方を工夫する。
- ● 友だちの作品を見て自分との違いやよさを見つける。

色で私らしさが表現できるから不思議!

1　今日の気分の色とその〈補色〉を選ぼう

- 「色のわ」として小学校でもよく見かけるものですが，中学校では「色相環」として1年生のデザインで学習します。
理論で理解する前に，色水や絵の具の混色で体感的に把握することが大切です。
特に「色のわ」の反対に位置する〈補色〉は，お互いの色を引き立てあう効果があり，「印象派」の画家たちも使う技法です。
- では，「今日の気分」で色を選んでください。迷いそうなら「好きな色」でも構いません。その色のどんなところが好きですか？
- 次に「色のわ」の反対方向にある色〈補色〉を選びます。

色のわ（色相環）

2　選んだ2色と組み合わせる色をつくろう

- 2つの色ができたら，その2つの色と相性のよさそうな「仲よしの色」を選びましょう。服の組み合わせみたいに考えてみるとよいでしょう。
- 決まったら，また「仲よしの色」の〈補色〉を選びます。

好きな色とその補色（例）

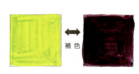

仲良しの色とその補色（例）

3　ペインティングナイフだけで描こう

- 4つの色が決まったら，紙パレット（または紙皿）に選んだ絵の具を多めに出して，ペインティングナイフだけを使って顔を描きます。
- 下描きがある方がよければ鉛筆で下描きをしてから，大丈夫そうならいきなり絵の具で描きはじめましょう。

まとめ
この「描き方」を学んだ子どもたちは，顔の中にいろいろな色を見つけたり感じたりすることができるでしょう。また，個性的な色彩で表現された名画を鑑賞する際にも，「○○な気持ちを表しているのかなあ‥」という発想で接することができるようになります。　　〔松久 公嗣〕

対象学年　小学校中学年〜中学生

見えないから見えてくるもの

概要・コンセプト
ここでは正確に形や色を表現することで伝える具象的な表現に対して，抽象表現や個性の理解へとつながる体験重視の「描き方」を紹介！

材料・用意するもの
- 画用紙（八ッ切）　●アイマスク（目隠し）
- クレヨン（またはクレパス）… 黒，白は使いません

※事前によく見て描く活動を行っておくと，より効果的です。

評価の観点
- ●いろいろな顔の描き方があることに興味をもち，進んで表す。
- ○見えないことで見えてくる個性の違いに気づき，認め合う。
- ○上手く描くことだけが，絵の表現方法ではないことを理解する。
- ●互いに助け合い，新しい表現が生まれる瞬間を共有する。

見えないのに私らしくなるから不思議！

1 約束　この約束を守らせることが成功の鍵！

1：二人一組で活動する。一人がアイマスクをつけて顔を描き，もう一人はクレヨンを渡すなどの補助を行う。
2：補助者は画面の中心だけ教えてよい（他は一切教えない）。
3：アイマスクをつけたら「終了」という合図があるまで決して外さない。
4：残り1分になったら，画面のどこかに名前を書く。

2 アイマスクをつけて顔を描こう

- 自分の顔を思い出しながら，目隠しをした状態で自分の顔をクレヨンで描きます。
- 子どもたちの様子を見ながら，7分から10分程度で行います。
- だいたいできてきたら，名前を書くように声かけします。
- 全員が名前を書き終えたら「終了」の合図をします。
- 子どもたちは，完成した絵を見せ合って盛り上がります。落ちついたら，交代して繰り返しましょう。

3 まとめ

- 子どもたちは勝手に作品を見せ合って〈鑑賞〉をはじめるでしょう。
  ……楽しいことや気になることは見たり聞いたりしたくなるものです。
- 選ぶ色や描き方に子どもの個性が反映していませんか？
  ……大胆だったり慎重だったり，性格が表現されているでしょう。
- 自分の名前はしっかりと書けている子が多いはずです。
  ……小さな頃は字よりも絵の方が得意な子が多いのですが，毎日書くことで字は目隠ししても書けるように上達しているのです。

まとめ
　この「描き方」は世界的に活躍する版画家：河内成幸先生が福岡教育大学で指導された授業を参考に，小・中学校用にアレンジしたものです。〈偶然〉に思える表現が，実は描く人の内面から湧き出た個性だということを体験的に知ることができる内容です。具象的な描写で感動を伝えることが得意な子がいれば，形や色を特徴的に伝えることが得意な子もいます。正確なかたちや色といった〈情報〉だけでなく，何かにじみ出てくるような〈感情〉や〈魅力〉があるはずです。大切にすべき個性とは何か？子どもたちと一緒に考えてみませんか。
〔松久 公嗣〕

対象学年　小学校高学年〜

絵の具のけんきゅう！
絵の具の混色について学ぶ

概要・コンセプト

はじめて自分用の絵の具セットを手にした子どもたちはウキウキわくわく早く使いたくて仕方がない様子です。しかし学年が上がるにつれて「絵の具で色ぬるといつも変になる」「上手く使えないから嫌だ」という子がでてきます。

なんでもはじめが肝心です。基本的な絵の具の使い方をみんなでしっかり学んで絵の具を使うことの楽しさを味わおう。今日は，みんな絵の具の研究者だよ。絵の具博士をめざして頑張るぞ！

評価の観点

○自分の感覚を大切に水彩絵の具で描く快さを味わう。
○濃さや筆から伝わる感覚などから，思いを広げ，表したい感じなどを考える。
●水分量や色の濃さから，様々な感じを生みだすことを工夫する。
○絵の具それぞれの使い方，自他の混色のよさやおもしろさに気づき，認め合う。

材料・用意するもの

● 水彩絵の具セット　● ワークシート　※巻末のワークシートをご活用ください

学習問題　どんな混ぜ方があるのかな

絵の具は，水分量や白，黒の量で，1つの色でもバリエーションを広げることができる。青に水をたっぷり混ぜると水色に見える。白を混ぜても水色に見えるけど，2つの色を比べると違う。

1　道具の名前と使い方クイズ

まずは道具の説明です。絵の具，筆，パレット，水入れが入っています。

パレット は，絵の具を混ぜるための板です。小さな部屋に少しずつ絵の具を出し，広い部屋は絵の具を混ぜるときに使います。一度混色してつくった色を，同じようにつくるのは難しいので，1つの絵を描き終わるまではパレットを洗いません。

筆洗 は，筆を洗うための水入れです。部屋がいくつかに分かれていて，洗う部屋，すすぎの部屋，絵の具のためにきれいな水を取っておく部屋として使います。

この他に， 絵の具ぞうきん は，筆を拭いたり，つきすぎた絵の具を拭き取るのに使います。

2　絵の具と水を混ぜてみよう！

筆のつけ根に絵の具がたまるのを防ぐため，一度水につけた筆の水分をぞうきんで拭き取ってから使い始めます。

1：「マヨネーズ絵の具」…パレットの広い部屋に人差し指の先くらいの量だけ絵の具を出し，ベットリとした「マヨネーズ絵の具」をつくります。

28

2：「ソース絵の具」…マヨネーズ絵の具に水を足し，トロリとした状態にします。
3：「お茶絵の具」…筆についている絵の具を洗い流し，水をたっぷりと混ぜてシャバシャバの状態にします。

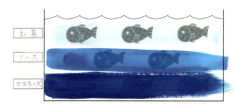

3 白に混ぜてみよう！

- 白は色の中で一番弱い色で，すぐに他の色に染まってしまいます。混ぜるときは，白に少しずつ他の色を足して調節するようにしましょう。
- 白の絵の具をパレットの広い部屋の隅に，人差し指の先くらいだします。同じ部屋の離れたところに，青の絵の具を小指の爪くらいの量で２粒に分けてだします。１粒ずつ順番に白の絵の具に足して描きます。
- 2でも「お茶絵の具」の水色ができましたが見え方が違います。「お茶絵の具」の水色は点線が透けて見えているのに白を混ぜてできた3の水色は透けていません。この透明感の違いに気が付くようにしましょう。

水で薄めた水色と，白絵の具を混ぜて薄くした水色の違いを感じよう。

4 黒を混ぜてみよう！

- 黒は色の中で一番強い色なので，他の色をすぐに黒くしてしまいます。黒っぽくしたい色に少しずつ黒を足して調節するようにしましょう。
- 「白を混ぜてみよう！」と同様に，青の絵の具に黒の絵の具を足していき，できた色を「ワークシート」に描きます。

5 自分で絵の具を混ぜてみよう！

- 赤，青，黄の三原色は他の色を混ぜてもつくれない特別な色です。
- まず，三原色の中から２色を選んで混色をしてみます。できた色も加えながら２色ずつ混色していき「ワークシート」に記録しましょう。だんだんと「○色と△色を混ぜたら□色になる」ということがクラス全体で分かりはじめます。

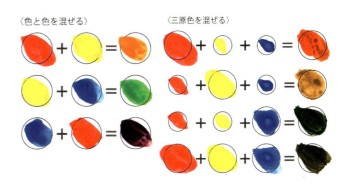

まとめ この教材は技能の習得を重視した一斉指導を想定しています。道具の基本的な使い方を学ぶことはとても重要で，高学年でも絵の具の混色ができなかったり水分量の調節ができないといった状況を目にします。中学校への連携を視野に入れて，基礎・基本の習得と各学年での絵の具の活動において継続的に指導していくことが大切です。

〔宮川 華南美〕

対象学年　小学校高学年〜

水彩絵の具の使い方
基本的な使い方と表現効果について

概要・コンセプト
　水彩絵の具は，早ければ低学年から使用します。絵の具の基本的な使い方について，まずは教員がその基本をしっかりと身につけておく必要があります。
　その上で，表現の効果や工夫について，授業を行う学年や描くモチーフ（対象）ごとに助言できる力を身につけていこう。

評価の観点
○水彩絵の具の基本的な扱い方を理解する。
○進んで絵の具の表現技術を身につける。

材料・用意するもの
●水彩絵の具　●筆　●筆洗　●パレット　●ぞうきん　●鉛筆　●油性ペン
●クレヨン　※巻末ワークシートを使用します

学習問題　画材を使用するには使い方を理解し基本を身につけよう

　誰もが小学校の時に使用したことのある水彩絵の具も，どれだけ基本を理解しているだろう。まずはきちんとした基本を授業の中で指導することが必要です。表現の工夫について，きちんと指導した上で，それが使用できている点を評価する。指導していない内容まで踏み込んで評価の対象としないよう注意したい。そのためにも，もう一度絵具の使い方について振り返ってみよう。

1　濃く塗ってみよう

- 絵の具の種類には，透明水彩絵の具と不透明水彩絵の具があります。小学校で使用される絵の具は，例えばサクラマット水彩絵の具のように不透明な塗りに適した絵の具ですが，水の量を調節することで透明な表現にも使用することができます。
- 水彩絵の具の着色は，絵の具の量と水の量の関係がポイントとなります。まずは，ソース絵の具をつくって濃く塗ってみましょう。

2　薄く塗ってみよう

- お茶の絵の具をつくって薄く塗ってみましょう。
- まず，筆洗で筆に水を含ませてから，筆洗のふちで余分な水を落とします。
- 次にぞうきんで筆の水分量を調節しながら，穂先を整えます。
- パレットの小部屋に出した絵の具を筆の穂先でとり，広い部屋で絵の具と筆の水を混ぜ合わせます。
- 円を描くように混ぜながら，必要な水の量を加えてシャバシャバなお茶絵の具をつくります。

3　線を使って塗ってみよう

- 線の太さ，濃淡，勢い，まっすぐな線や丸い線など変化をつけて工夫した線で塗ってみましょう。
- 線を活かすためには，下の線が乾いてから上に線を加えましょう。下の線の色と上の線の色を変えると変化のある色面をつくることができます。

4 点を使って塗ってみよう

- 様々な色の点を使って塗ってみましょう。
- 水の量を減らしてマヨネーズ絵の具に近づけるほど,強い点を打つことができます。
- 右図のように,緑の同系色を使ったり,補色に近い赤色を使うことで塗りに変化をつけることができます。
- 色同士を混ぜてつくる混色の他に,このように色を点で並べて視覚的に混色する方法もあります。

5 にじみを使って塗ってみよう

- にじみの効果は水分量の調節がポイントです。
- まず,お茶絵の具のように,薄くて水分の多い絵の具を全面に塗ります。その上から,下の絵の具が乾かないうちに別の色をトントンと置いていきます。上から置く絵の具は下の絵具よりも濃いほうが,にじみの効果がよくでます。

6 ぼかしを使って塗ってみよう

- ぼかしの効果は筆と水を上手く使いこなす必要があります。
- 輪郭のきわにソース絵の具のような濃い色を塗ります。すぐに,水だけを含ませた筆で画面の絵の具を薄く溶くように広げながら,ぼかしの効果をつくっていきます。絵の具の濃淡によるグラデーションをつくってみましょう。
- にじみやぼかしの効果は,画用紙の質に大きく影響されます。薄くて水を吸いやすい画用紙よりも,厚手で水分が画面上に残りやすい画用紙の方がうまく塗ることが出来ます。

7 かすれたタッチで塗ってみよう

- 水気のない筆にマヨネーズ絵の具のような水分量の少ない絵の具をつけて,こするようにかすれたタッチをつけます。
- ドライブラシやスカンブルといいます。
- この塗りは,下にあらかじめ色を塗って乾燥させ,その上からかすれたタッチで塗ると下の色がタッチの隙間から見えて色が複雑に見えてきます。木や地面の質感をかすれを使って表現すると,見え方に変化や強弱が生まれます。

8 輪郭線の工夫

- 輪郭線を何で描くかによって,色を着けた際に形の強さが変わってきます。
- 鉛筆の線はあまり目立ちません。油性ペンの線は強いですが,線の抑揚をつけにくいです。クレヨンは絵の具をはじいた効果がでます。色を変えることで,線を強くしたり,弱くしたりできます。ただし,細かな線の表現が難しいです。どのような作品を描きたいかを考えて,線描の材料を選択しましょう。

鉛筆

油性ペン

クレヨン

クレヨン

まとめ 絵の具を使って色をつけると,なんとなく完成した感じがします。でも絵の具の技術を身に着けておくと,ぐっと表現の幅が広がって作品の完成度が高まります。

〔加藤 隆之〕

対象学年 小学校中学年〜中学生

墨色の世界
濃淡と筆使いを習得して水墨画を描く

概要・コンセプト

学習指導要領では，我が国（日本）の美術作品のよさや美しさを感じとり，伝統と文化に対する理解を深めるともに，美術文化の継承と創造への関心を高めることが重視されています。

日本の伝統的な絵画様式である「水墨画」は，墨や硯・筆・紙といった伝統的な職人技によって支えられている絵画です。

水分量を調節して濃淡をつくり，いろいろな筆使いを習得することができたら，自由に色やかたち・線で表現することができます。絵の活動に共通する技能と感性の習得を目指しましょう！

評価の観点

- ○墨の濃淡や筆使いで変わる表情を楽しむ。
- ○「お手本」で表された効果を味わい，墨色の濃淡でつくる世界に，色や形を思い描く。
- ●濃淡をつくる水加減や，筆の持ち方・使い方を試して，いろいろな表し方を見つける。
- ○日本の伝統的な美術作品のよさや美しさを感じとる。

材料・用意するもの

- ●墨　●硯　●筆（太筆・小筆）　●フェルト下敷き　●文鎮　●墨液
- ●梅皿パレット　●筆洗　●練習用プリント　●手本
- ●水墨画料紙…厚口版画用紙でも可　●乾燥棚　●ぞうきん

学習問題：画材（用具）や水の持つ力（魅力）を感じとろう

筆や墨，硯などの（用具）には，それぞれの役割としっかりした使い方があります。それを知ることで，いろいろな表現が可能となり，試してみたくなるでしょう。さあ，雪舟になった気分で，「わび」「さび」の世界へGO！

1：画材（用具）を知ろう
2：水を使って濃淡をつくろう
3：筆使い（持ち方・上下）を習得して形を表現しよう

1 画材（用具）を知ろう

- 「書写」の授業でも，墨を硯で磨ることは少ないようです。限られた時間内での〈練習〉では墨液の使用が効果的ですが，〈練習〉だけが学習ではありません。さらに，最近よく使われている「セラミック硯」には裏面もあって，墨を磨る面と墨液を溜める面が用意されていることをご存じでしょうか？
- 「日本の伝統」といいながらも，何が伝統として継承されてきたのか，その本質を学ぶことからはじめましょう。
- 墨を磨ると香りが立ち，水がみるみる黒い絵の具に変わっていきます。この体験なくして，「書」も「絵」も語れません。
- また，筆にもいろいろな性能が備わっているのです。筆の持ち方を工夫するだけで色々な線が表現でき，紙にあてる力を加減することで線を太くしたり細くしたり，広い面や複雑な形の表現も可能となります。

2 水を使って濃淡をつくろう

- ここからは、磨った墨を使っても墨液を使っても構いません。時間があればする体験を多くし、時間がなければ墨液を使って、墨の量を気にすることなく次の体験を充実させることを重視してください。
- 重要なのは、水を加える分量を調節して濃淡をつくることです。もとの墨を「濃墨」として、「中墨」と「淡墨」をつくります。梅皿パレットは濃度の段階が分かりやすく、また多くの分量をつくり置きするのにも適しています。

梅皿パレット

筆に含まれる墨の影響が大きく、「淡墨」はすぐに濃くなってしまいがちです。こまめに筆洗で洗うか、濃淡をつくる順番に注意して進めることがポイントです。

3 筆使い（持ち方・上下）を習得して形を表現しよう

- 筆の持ち方は書写と同様の持ち方からはじめます。書写と異なるのは、直筆（ちょくひつ）を行うときには筆先が線の中心を通るように注意しながら進行方向に筆を傾けることです。
- 直筆・側筆（そくひつ）ともに、太筆で表現可能な太い線と、先端を使った細い線を使い分けられるように練習します。太い線は面の表現につながり、筆に上下の抑揚を加えることで複雑な形をつくることができます。
- 難しいのは、① 左右または上下に動かす ② 筆を上下に動かす この2つの動作を同時に行って葉の形をつくるところです。

直筆（ちょくひつ）　側筆（そくひつ）

書写で慣れている側筆 → 筆先が中心と通る直筆に慣れる
→色々な方向に点を打つ → 点を払う感じで葉の形をつくる

体育や音楽と同様に、一つずつステップを重ねて習得できるように学習を進めましょう。

①側筆（そくひつ）
しっかりと太い線をつくろう

②直筆（ちょくひつ）
筆先が中心を通るように

③点
先を整えて形をつくる

④葉をつくる
点で止めずに筆を持ち上げながら払うような感覚で

まとめ　毛筆や墨・硯は、「書写」をはじめ学校教育では必須のアイテムですが苦手と感じる先生も多いようです。先生の苦手意識は子どもたちにも伝わり、学習にも影響を及ぼすことが分かっています。技能習得のポイントは3つだけなので、苦手意識を克服して自信満々に授業を進めてください。また、用具の準備や作品乾燥棚の準備など、充分な活動が可能な環境を整備することも大切です。

| 竹を描く | さあ！墨の濃淡をつくり，筆使いが習得できたら，水墨画を描きましょう。筆使いを復習すると，自然に竹の絵が完成します。 |

ここでは「お手本」を使って竹を描きます。

日本では，書写と同じようにお手本を使って絵を学ぶ「臨画（りんが）」によって，筆使いを学んできました。

個性を重視しようと思い果物や花をモチーフに描くことも試しましたが，お手本を本紙の下に敷いて透かしながら竹を描く方法に落ち着きました。自由に表現するためにも，技能の習得と体験の反復が重要であることが分かりました。子どもたちは，お手本を透かして見ることで，かたちの表現に不安がなくなり，濃淡を使い分けることと筆使いに集中でき，達成感を得ることができます。

同じお手本を写していても，完成した作品はどれも個性的に感じるから不思議です。

1 濃淡を活用した側筆で幹を描こう

1：太筆の筆全体に淡墨を含ませて，筆先に濃墨をつけます。
2：パレットの縁で少ししごいて濃墨と淡墨をなじませたら，側筆で「一」の字を続けて書きましょう。
　※「一」の字を書きやすいように，本紙の向きを変えても構いません。

陰影のついた立体感のある竹が描けました。

2 濃淡を使い分けて葉を描こう

1：手前の濃い葉から，直筆を活用した葉を描きます。
2：葉の大きさや長さに注意しながら，筆先を進行方向に向かって払う感じで描きます。
3：重なった奥の葉を描くときは，中墨〜淡墨に変えることで，重なりや奥行きが表現できます。

重なりや奥行きを感じる葉が描けました。

3 細筆に持ちかえて枝と幹の節を描こう

1：濃淡に注意しながら，細筆の側筆と直筆で枝を描きます。
　※ お手本を意識しすぎず，描いた葉につながる枝を描くようにしましょう。
2：幹の節は，横長の「い」の字を書くような感じで，ちょん・ちょんと点がつながるように描きます。

竹の絵ができた！！！

4 完成したら名前から一文字を選んでサインを入れよう

墨色の世界

鑑賞コーナー

ここでは水墨画・彩墨画の名品を四点紹介します。
いずれも，東京国立博物館収蔵の国宝あるいは重要文化財です。

雪舟 筆　『秋冬山水図（冬）』
縦47.7×横30.2cm　室町時代

雪村周継 筆　『松鷹図』
縦126.5×横53.5cm　室町時代

伝 顔輝 筆　『寒山拾得図』
各縦127.6×横41.8cm　元時代

長谷川等伯 筆　『松林図屏風』
各縦156.8×横356.0cm　安土桃山時代

まとめ

　ものづくりが見直され，日本の伝統的な文化や芸術が重要視されています。グローバル化する社会を「生きる力」として英語やICTを学ぶのと同様に，身の回りにある文化・芸術の価値を認識して，他の国の人たちに語ることのできる教養を身につけて欲しいと思います。

　日本の伝統芸能や職人の世界では，「守」「破」「離」という言葉に象徴されるように，伝統を継承し，伝統を革新し，新たな伝統を創造することを繰り返してきました。独自の個性を発揮するためには，伝統として受け継がれてきた基礎・基本を学ぶことから出発することが重要です。

　基本的な用具の使い方を知り，使いこなす技能習得の難しさを体感することも感性教育の重要な要素です。安易な教材セットの組み立てや印刷物だけの鑑賞といった授業で終わらないように，まずは指導者自らが先頭に立って，様々な技能や視点を身につけることが重要なのではないでしょうか。
〔松久 公嗣〕

> コラム

図工室をきれいに変身させる

> 図画工作が危機的状況にある。授業時間の削減に加え，図工室の維持管理が難しくなっている。図工を得意とする熱心な教師や，一部の地域にしか配置されていない図工専科の教師の存在がないと，日本の小学校現場から子どもたちの夢を奏でる図工室が消えてしまう。夏休み，ある小学校でまず図工室の整備に取りかかることにした。今回は，工作の内容が取り込める環境整備をめざした。

訪ねた当初，図工室はまるで物置のように見えた。子どもたちの創作活動がこの教室で活発に行われているとは思えなかった。

なかでも，教室中央にある収納扉が暗い印象を与えていた。まずはここを塗装し，明るい教室になるように試みた。

水性塗料〈Jカラー〉を用意し，まずはマスキング。教師たちへ塗り方の指導。作業に取りかかった。

塗装後は，見違えるほどきれいに。教室が明るくなった。
教師・児童が一体となって教室をきれいにする心構えが重要である。

電動工具・基本的工作工具・釘・接着剤・木材などの工作に資する内容に必要なものを買い揃え，教師たちに工作の基本技術指導を展開した。

今後，子どもたちの活発な使用を期待したい。　〔阿部 守〕

2 つくってみよう

対象学年　小学校中学年〜

お面をつくろう
自分の「守り神」〜スッポリかぶれる「お面」のせいさく

概要・コンセプト

　日本をはじめ，世界中のいろいろな地域には，その地方に伝わる「お面」が存在します。
　中でも，アフリカのナイジェリアに伝わる仮面には，精霊の宿る動物や自然をモチーフとした多彩なお面があります。
　自身の守護神としての動物をテーマに，スッポリと被ることのできる「お面」を制作しよう！

評価の観点
- 対象とした「動物」を，形態としてとらえる。
- ダンボール箱を，工夫して接合する。
- 絵の具やチョークを使って，効果的に表現する。
- いろいろな素材を使って，「動物」のイメージをだす。

材料・用意するもの
- ダンボール箱　●カッター　●穴あけ千枚通し　●はさみ　●毛糸，紙緩衝材など
- チョークボードペイントおよびチョーク　●紙皿　●接着剤（木工ボンドなど）
- アクリル絵の具　●綿棒　●ガムテープ・両面テープ
- 気が付いた日常素材何でも取り付けてみよう！

学習問題　あたまにスッポリかぶることのできる「お面」をつくろう

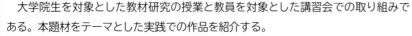

　自分の守り神としての「動物」を考えて，それをあたまにスッポリとかぶることのできる「お面」をつくることにしよう。
　モシャモシャの素材や木の花など，身の回りのものを「お面」にとりつけて楽しもう。

　大学院生を対象とした教材研究の授業と教員を対象とした講習会での取り組みである。本題材をテーマとした実践での作品を紹介する。
　ここでは，グループでの会話を楽しみながら制作した。お互いに助け合い，意見交換しながら，周りのひとの参考になるところやよい点をどんどんとり入れてパワーアップした作品とした。
　そして，プレゼンテーションでは，寸劇をグループごとに課した。
　日頃おとなしい人も，お面をつけると大胆に演じられるから不思議。

1　ダンボール箱を切断しよう

- 自分の干支や好きな動物などを参考に，テーマであるお面のベースとなるかたちをダンボールを素材に，カッターで切断します。ここでは，切り込み方を工夫しましょう。大胆に，大きく，どんどん切断しましょう。

2　面と面を接合しよう

- ガムテープ・両面テープでつなぎ合わせます。また，千枚通しで穴を開け，そこに凧糸や麻紐を通して接合します。いろいろなつなぎ方を組み合わせると，さらに強度を増して接合できます。

3 チョークボードペイントとドット

- これは，黒板に塗られる塗料。
だから，塗った上にいろいろな色のチョークで描けます。
気に入らなかったら消して，何回でも描き直せるのが特徴。
それとダンボールの強度を増すことができます。
また，アボリジニのペインティングのようなドット・ペインティングをお面に施しましょう。
カラフルにして自分のイメージしたデザインにお面を仕上げていきます。これも，抵抗なく点の集積で描き進めるから失敗はありません。
集中力を高めると完成度が上がっていくからこれも不思議。

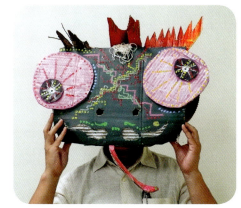

4 いろいろな素材を取りつけよう

- 毛糸や様々な種類の紐，梱包材，自然の季節の植物を，お面に両面テープや木工ボンドを使って取りつけます。
草や葉は朽ちて変色してくるがそれもおもしろい。
さぁ，変身してみんなで守護神になりましょう。

まとめ 日常使っている様々な材料をできるだけ多くとり入れてのお面制作である。モノの造形素材としての可能性を追究することも大切である。草や木などの自然界から採集したものを有効に使うことも素敵である。友だち同士で動物になり切って，語り合うようなとり組みをしこむと，夢がさらに膨らむことになります。　　　〔阿部 守〕

対象学年　小学校低学年〜

秋のぼうし〈造形遊び〉
季節の中で遊ぼう

> **概要・コンセプト**
>
> なかまとともにつくる落ち葉のぼうし，秋のぼうし。
> みんなで秋の色や空気を味わいながら，ステキな"わたし"になってみよう。

> **材料・用意するもの**
>
> ●色画用紙（黒）の帯　●両面テープ　●はさみ　●落ち葉集めのカゴ
> ●BGM♪（秋を感じる音楽がいいね）

> **評価の観点**
>
> ○落ち葉の色やかたちを楽しむ。
> ○いろいろな落ち葉をみつけて遊ぶ。
> ○色やかたちを考えて落ち葉をならべ，ぼうしをつくる。
> ○みんなでぼうしをかぶって楽しむ。

> **学習問題**　秋のぼうし，落ち葉でつくろう！
>
> 　秋，赤に黄色に木の葉が色づく校庭で，みんなと落ち葉でぼうしをつくって遊ぼう。1年生ではじめて出会う秋，上級生で今年も出会った秋。めぐる季節を感じよう。

1　ぼうしの型をつくろう

- 黒い色画用紙でつくった帯で，ぼうしの型をつくります。
  友だちに助けてもらいながら，自分のあたまのかたちに合わせて，両面テープでとめていきます。
- このとき，両面テープでかみの毛をはさみこまないように気をつけて！

2　さあ！校庭に出発

- ぼうしの型ができたら，型に両面テープをはりつけて，校庭に出発。
  落ち葉入れのカゴをかかえて，美しく紅葉した葉っぱを見つけに行きましょう。

友だちに自分のぼうしをかぶってもらい，そこに落ち葉をはりつけていく。
友だちとペアで楽しむ，ぼうしづくり。

3 秋のぼうしをつくろう

- 黄，紅，赤に染まった落ち葉を見つけて，ならべたり組み合わせたりして，秋のぼうしをつくっていきましょう。
年中変わらぬ緑の葉っぱも，はさみでチョキンと，少しだけわけてもらうのもいい。
秋の色，秋のかたち，秋の光，秋の風のにおい。季節を全身で感じながら，ステキなぼうしをつくっていきましょう。

大きな落ち葉やドングリも，ぼくらを待っていた。

4 秋のぼうしをみんなで楽しもう

- 教室に帰って，ぼうしの仕上げ。できたら，みんなでぼうしをかぶって，秋のぼうしショーを楽しみます。
素敵な音楽でもかけて，ひとりひとりのみつけた秋を紹介です！

まとめ 秋みつけの造形遊び。何年生でも，大学生でも，大人でも楽しい活動です。それだけの美しさを秋の自然は分けてくれます。もらわない手はありません。　　〔附属久留米小学校 5 年菊組のみんな と 笹原浩仁〕

対象学年　小学校高学年〜

モビールの楽しみ
ゆらゆらとたゆたう空間の造形

概要・コンセプト

「人類の究極のテーマの一つは永久運動の獲得である」，何とロマンチックな夢でしょうか。電気を使わず，もちろん原子力なんて論外。重力にたゆたうモビールは，そんな永久運動に近づくための素材かもしれません。かつて新宿西口にある「ユックリズム」の作者である富田龍一先生に師事していました。エネルギーを使わず運動に結びつける哲学を学びました。

空間を浮遊する造形・モビールをできるだけ簡単な方法で学びます。コツをつかめば，いろいろな表現につなげられるよ！

評価の観点

- バランスを取りながら進めていく順序を理解できているか。
- 接着剤やはさみ・カッターを自分の形にそってうまく使えているか
- 木綿糸を溝にしっかりと固定できているか。
- 最後に来るバランスの相殺を理解できているか
- 周囲の友達と協力して制作できているか。

材料・用意するもの

- バルサ板材1mm厚
- 竹ひご直径1.2mm
- 瞬間接着剤
- はさみ
- カッター
- 木綿糸
- ポスカの基本色
- はがせる絵の具

学習問題　ゆらゆら浮かんで動くおもしろいモビールをつくろう

アメリカの彫刻家アレクサンダー・カルダーが考えだした動く造形であるモビールに挑戦しよう。いろいろなつくり方や素材があるけれどここでは「空に浮かぶ雲」を題材にそのイメージを考えてつくってみよう。材料はバルサ材という紙のように薄くて軽い木。これに糸を使って吊り下げていく。まずは外に出て雲の観察をみんなでしよう。できたら動いている雲を絵に描いてみよう。それからイメージを膨らませて工作に入っていこう。

1　はじめは，雲の形をバルサ材に描いて形を切り抜こう　さらに色をポスカで塗ってみよう

- 雲の形を大・中・小と10個切り取っていきましょう。
- 雲の観察から切り取る形をいろいろ考えましょう。
- 観察からつかめなかったら自分のくもでもいい。単純なかたちがいいかもしれません。まわりのひとと話し合ってみましょう。
- 白だけじゃない，いろいろな色を使って，楽しい雲をつくりましょう。

2　瞬間接着剤でバルサ材と竹ひごをジョイント

- 瞬間接着剤で切り取ったバルサ材の板と竹ひごをつなぎます。この接着時は，目に入れたり，指に着けたりしないよう気をつけて使いましょう。たくさん垂らさないで，一滴だけ流すように入れてやるとすぐ接着できます。まずは，1本の竹ひごの両端に板を取りつけましょう。
- 次からは，竹ひごの片側にとりつける部品を3個つくり，最後にとりつける部品は，長めの竹ひごにやや大きめのバルサ板をとりつけます。
- 要領をつかんだら，自分のオリジナルな要素を入れていきましょう。

3 竹ひごでバランスをとってみよう

- 写真のようにバランスの取れるところを見つけます。そこにサインペンで印をつけておきます。そして，その印の箇所をカッターで少し削っておこう。あまり削り過ぎないように。すこしくぼみがある位でOK。

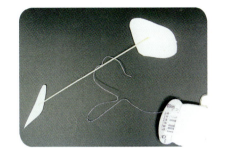

4 次にほかの部品もつくっておこう

- 少し長めの竹ひごを使います。次は，片端だけに大きめのバルサ板の雲を取り付ける。ほかにも長さを変えた竹ひごの片端に同じように取り付け，合計6個作っておく。

5 下から上にバランスを取って結んでいこう

制作のポイント

❶まず，竹ひごの両端にバルサ材でつくった雲をとりつけ，下方からつくっていきます。

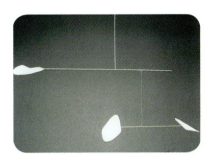

❷モビールの竹ひごの中間－バランスのとれるところ（支点）を探します。

❸バランスをとりながら上方に，片側にとりつけるものを追加していきます。

❹さらに支点を探します。❸・❹を繰り返しながら，全体のバランスを考えて，上へ重ねてつなげていきます。

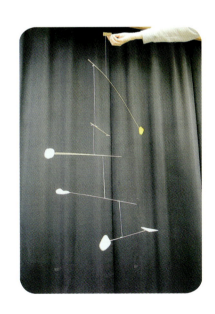

❺最後に，バランスを大きくとる部品を一番上にとりつけます。

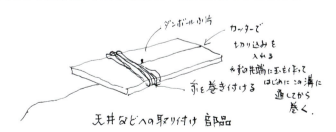

まとめ 　モビールは，バランスの工夫で様々な動きを得られるおもしろい題材です。この章では，解説の仕方の難しさを痛感し歯痒い思いに駆られますが，とにかく実践から，体験的にそのおもしろさをつかまなくてはなりません。是非，まずは子どもたちに指導する前に，先生方に制作して頂きたいと思います。コツさえ呑み込めればあとはどうにでもオリジナルな展開が可能である題材です。永遠のロマンである永久運動に近づく不思議さも味わえます。　〔阿部 守〕

対象学年 小学校高学年〜

夢あふれる MUNAKATAランド

概要・コンセプト

日常暮らす自分の街を見渡し，住んでみたい街の景観や要素を考え，児童の視点からのランドスケープデザインです。

木工技術の学習のあと，グループでいまの環境を考えて，住んでみたい街をイメージして，みんなでつくる街並み「MUNAKATAランド」！

評価の観点
- 自分の身辺の環境を把握する。
- チームの仲間と話し合いながら，街づくりを展開する。
- 助け合いながら制作する。
- 基本的な木工技術を習得し，作品に反映する。

材料・用意するもの

● 木材　● 釘各種　● のこぎり　● トンカチ　● キリ　● 絵の具　● 筆など

学習問題
自分の住んでいる街を夢のある素晴らしいところに変えてみよう！

みんなが住んでみたい「〜ランド」と題する，ミニ版都市計画である。ここでは集めた木片や板を加工し，釘打ちを経験，着彩して仕上げる。子どもたちは真剣に材料と向き合い，イメージした街の要素をつくっていく。沈思黙考して素材と格闘する制作時間，またお互いに助け合いながら制作する共同作業。図工室が夢の街の景観モデルで華やぐ！

1 それぞれのチーム毎にエリアの内容を決め，話し合いながら制作に入ろう

2 MUNAKATAの街を観察し，話し合いながら木を素材に，街の要素を決めていこう

3 工夫しながら制作を進めよう

助け合いながら制作

街を観察し，話し合いながら地域のことを考えた

日常，工作する機会に恵まれていないこどもたちも真剣。やればできる。

作業方法と加工しやすい段取りが作業効率の決め手になる

工夫することができ，教室は工作音に包まれる

4 プレゼンテーションに向けて

街の設定

グループ毎に討議する

ディテイルにもこだわりと工夫が

MUNAKATAらしい展開も出てくる

生き生きした子どもたちの「MUNAKATAランド」の完成。みんなで鑑賞しよう。

まとめ 　自分たちの理想とする「MUNAKATAランド」を創造しました。景観を題材に自分たちの手でつくり上げる点に醍醐味が存在します。仲間同士で語り合い，完成までを協力しながら展開します。街づくりの基本形がここに存在します。

〔阿部 守〕

対象学年　小学校高学年〜

パズルの街
私だけの街をつくろう

概要・コンセプト

　5年生がはじめて糸鋸を使う授業でよく扱われる「キット教材」のパズル。ただイラストを描いた板を糸鋸で切って完成では物足りないし，児童が糸鋸を使いこなせるまでには至らないのではないでしょうか。子どもたちが夢中で制作していくうちに，糸鋸を身近で便利な道具として扱えるようになる…そんな授業をめざしました。

　単調になりがちな「キット教材」も，少しアレンジを加えるだけで，子どもの思いが溢れる楽しい授業になりますよ。

評価の観点
- ○板をいろいろな曲線で切ったり，切ったかたちを活かす活動にとり組む。
- ●切ったかたちから発想を広げ，つくりたいものを想像する。
- ○かたちや色の組み合わせ方や接着方法など，つくりたいものへ近づける技能を習得する。
- ○友だちの作品と組み合わせて，一緒に楽しむ。

材料・用意するもの
- ●枠抜き加工済みシナ合板（パズルのキット教材）　●電動糸鋸盤　●絵の具
- ●クラフトバンド（紙帯）　●段ボール　●図工室にあまっている材料　●ボンド

学習問題　切ったかたちがいろいろな街に変身！

　切ったかたちと台板の「水」の組み合わせから，街のイメージを広げよう。道を描いたり，家や木を加えたりすると，私だけの街が完成するよ。

1　糸鋸で板を切り，パズルのピースをつくろう

- 糸鋸の特性を活かして，「ゆるやかカーブ線」や「くねくね急カーブ線」，「かくかくクランク線」など様々なパターンで板を切り，パズルピースをつくります。切り分けたピースは，紙やすりで磨いて「バリ」をとりましょう。
- あまり細かいパズルピースをつくってしまうと，パズルの組み立てが難しくなったり，ピースの上に「建物」が建てられなくなったりするので，パズルピースの大きさを教師が適切に指示してあげてください。

※ 枠内の板が21×31cmの場合，「8〜10個のピースに切り分ける。10個以上にならないよう気をつけよう。」と指示しました。

2　絵の具で着色し，「道路」や「水」をつくろう

- 外枠やパズルピースを好きな色一色で着色したあと，白の絵の具で「道」を描きます。ここでも「まっすぐな道」や「くねくねしている道」など，いろいろな「道」が生まれるとおもしろいですね。
- 台板は「水をイメージした色」で着色します。この台板の「水」が後に，湖や川，広い海などに変身します。
- 「水といえば青系の色」と指導しがちですが，固定観念にとらわれず，子ども達がどんな「水」をイメージするのか見守りましょう。例えば，赤で「夕日に染まった海」，茶で「チョコレートの川」など，おもしろい世界が広がります。

46

3 木片や板などの材料で「建物」をつくり，街に建てよう

- 他学年の授業ででた端材は図工室では「お宝の山」です。
  そのお宝の山から好きな材料を選び，切ったり組み合わせたり
  …これまでの学習で身につけた技能を生かして「建物」を作って，自分の街に建てていきます。
  糸鋸も子どもの必要に応じて自由に使えるようにします。

> 街にキリで穴をあけ，竹ひごと画用紙でつくった木を立てると，より街らしくなるよ！

4 できあがったパズルの街で遊んでみよう

- それぞれの「パズルの街」が完成したら，いよいよ鑑賞会です。
  ただ，それぞれの作品を見て回るだけでなく，友だちの街と組み合わせたり，パズルピースをずらして川や海をつくったりして遊んでみましょう。
- いろんな角度から，自分たちの「パズルの街」をのぞいて見ると，違った見え方がして楽いですよ。

> 高い所から見下ろすと，鳥になった気分！大っきな街だなぁ！！

> 目線を低くして街をのぞくと…私も街に入り込んだみたい！

> 友だちの街と組み合わせると，雰囲気が変わるね！

まとめ 　子ども，指導者が共に扱いやすいキット教材。そこに，ひと手間加えることで，より一層，子どもの思いが表れる作品が生まれます。この授業では，自らの思いを表現するために，自主的に材料や道具の使い方を工夫する子どもの姿が見られます。

〔山口 真奈〕

対象学年　小学校高学年〜

組み木のパズル
板から生まれるいきものたち

概要・コンセプト

　日本の伝統的な「かきつぎ」を使って，いきもののかたちをした組み木のパズルをつくります。修学旅行などで歴史的建築物を見学する予定がある場合には，ぜひ事前に体験させておきたいものです。

　自分たちの実体験があるからこそ，その凄さや技術の高さを理解して深い学びを得ることができるでしょう。

　釘も接着剤も使わず，木と木が組み合わさり平面が立体になっていく驚きと感動を子どもたちに味わってもらいたいと思います。

　さあ，みんなで日本の伝統にふれてみよう！

評価の観点

- ○木を組んでできる立体表現に関心をもつ。
- ○つくりたいいきものの特徴やかたちからイメージを広げ，つくり方を工夫する。
- ●「かきつぎ」の位置やつくり方を工夫して，自立する立体をつくる。
- ○自他の作品のよさや工夫に気づき，認め合う。

材料・用意するもの

- ●桐 集成板＊　●厚紙　●方眼紙　●はさみ　●紙ヤスリ　●糸のこ　●糸のこの刃　●かきつぎシート　●キリ
- ●見本用「かきつぎ」　●水彩絵の具セット　●けんきゅうシート（4枚）

学習問題：「かきつぎ」を自分たちでつくってみよう

　糸のこを使って「かきつぎ」をつくろう。その「かきつぎ」を組み合わせて，組み木のパズルにするよ。

1 つくりたい「いきもの」を決め，構想を立てよう

- つくりたいと思ういきものを決め，どの部分を重要視したらよいかを考えます。次に，つくりたい動物を丸や楕円などの簡単なかたちで描いてみます。「赤ちゃんの絵」というと子どもたちに伝わりやすいようでした。
- 絵ができたら画用紙を使って，お試しのミニチュア作品をつくってみましょう。ここでつなぎ目が90度回転するということを経験し，子どもたちは悩みはじめます。つなぎ目に1つパーツを増やせばいいことなどをアドバイスしていきます。7〜9パーツを目安にしましょう。

2 設計図をつくろう

- 見本用「かきつぎ」を使って，つくれるパーツの大きさを説明します。ここがポイントになります。
「かきつぎ」の幅は使用する板の厚み（今回は1.3cm）と同じにし，深さは1.5cmを基本とする。パーツは必ず3cm（「かきつぎ」の凹の深さ＋「かきつぎ」の重なり幅）× 3.3cm（「かきつぎ」の幅＋両端の余白2cm）〈②-A〉以上の大きさでつくらなければならない。また，つなぎ目は6cm × 3.3cm以上〈②-B〉，3方向以上から「かきつぎ」をつくりたいと考えているパーツに関しては直径8cmの円以上の大きさ〈②-C〉でなければならない。
- 使う木材と同じ大きさの方眼紙に設計図を描きます。

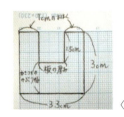
〈②-A〉

見本用「かきつぎ」　最少パーツ　つなぎ　〈②-B〉

「かきつぎ」同士が当たらないように。　〈②-C〉

3 糸のこキリをじょうずに使おう

- 設計図ができたら紙を桐の集成板に重ねて，力を入れながら線をたどります。そうすると木に跡が残るので，その線を鉛筆で描きおこしましょう。設計図を写し終わったら糸のこを使って板を切り分けます。
- 事前に印刷しておいた凹型の「かきつぎシート」を受けとり，型通りにはさみで切ります。外側のパーツから順に位置を確かめてから「かきつぎ」を描き込み，角の部分にキリで穴をあけ，糸のこで「かきつぎ」をつくります。うまくできているか，組み立てて確かめましょう。いきものたちは立ち上がったでしょうか？むずかしい微調整が必要になったときは先生にお願いしましょう。

4 きれいに紙ヤスリをかけて，動物園を開こう！！

- 見事にいきものたちが立ち上がったら，紙ヤスリで丁寧にヤスリがけします。すべすべに仕上がったら机の上にいいポーズで立たせて，みんなで動物園を開きます。

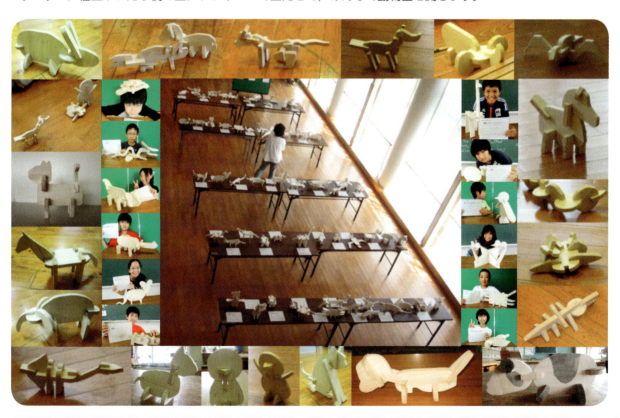

* 桐の集成板は市販のものを使用しています。杉は堅く，糸のこで切るのが大変でした。ファルカタは柔らかすぎて「かきつぎ」が欠けてしまうのでおすすめできません。桐の集成板はホームセンターなどで用意することができます。

この授業は教科書の単元からヒントを得ました。教科書では偶然できたかたちを組み合わせ何かに見立てていますが，「かきつぎの」の組める位置や必要性を子どもたちにしっかり考えさせたいと思い，私なりの工夫をとり入れてみました。

〔宮川 華南美〕

対象学年　小学校中・高学年〜大人

「ねぶた」づくり〈共同制作〉
みんなでつくってたくさんの人に楽しんでもらおう

概要・コンセプト
みんなでつくるものを考えて，みんなででっかい「ねぶた」をつくります。そして，たくさんの人に，かたちや色や光のおもしろさを楽しんでもらおう。

材料・用意するもの
- 角材（胴縁）　●木ネジ（細め）　●電動ドリル（プラスドライバービット）
- のこぎり　●針金（♯10焼き鈍し*1）　●ペンチ　●結束バンド（小）
- U字釘　●かなづち　●障子紙　●木工ボンド
- 歯ブラシ（ボンドを塗るために使う）　●カッター　●食紅えのぐ*2　●筆
- 絵の具カップ　●ロウソクのロウ　●ロウを溶かす古鍋（「100均」鍋）*3
- ロウ引き用に使う筆*3　●墨汁　●電球*4　●電球ソケット*5　●ビニタイ
- 延長コード

評価の観点
○つくりたいものをみんなと考えて，力を合わせてつくる。
○かたちとかたち，かたちと色の組み合わせを考えながら，表したいものを表す。
○材料の性質や特徴をつかみ，協働してつくる。
○たくさんの人にみてもらい，かたちのおもしろさや色の美しさを，共に味わう。

学習問題
つくって，はって，描いて，染めて，みんなの力を集めて大きな「ねぶた」をつくりあげよう！

「ねぶた」は東北地方青森の大型造形灯籠。旧暦七夕の夜に鮮やかに灯ってみんなに元気をくれる。そんな灯籠を，みんなのアイデアと技を集めてつくってみよう。

1　つくるものを考えて，針金でかたちをつくろう

- はじめにみんなでつくるものを決めます。昔からある「かたち」，新しい「かたち」，組み合わされた「かたち」など，いろいろ出し合ったあとしぼりこみ，みんなで決めましょう。
- つくるものが決まったら下図です。そして，全体を支える柱を材木でつくります。ドリルと木ネジで，角材（胴縁）を止めながら組み立てていくと，意外と簡単にできます。
- そして，いよいよ針金で，かたちづくりです。
まず，つくりたいものの〈横から見たかたち〉を一つつくって，木の柱の上部にU字釘で固定します。針金を切るときにはペンチを使います。針金のつなぎ目は，結束バンドを2〜3本使ってしっかり止めます。
- そのあと，〈前から見たかたち〉や〈上から見たかたち〉をつくり，結束バンドで交差する場所を×印に結んで固定すると，だいたいのかたちが見えてきます。
- あとは，〈横〉〈前〉〈上〉から見たかたちの針金をふやしていくと，かたちがはっきりしてきて，構造も強くなります。
細かい部分には，少し細い針金を使うと，かたちがつくりやすいです。

今日は私たち教師が，ねぶたづくりに挑戦。何つくろう？そうだ，「カタツムリ」にしよう♪人生のんびり行かないとね！

*1　針金を焼き鈍し（なまし）て，柔らかくしたものを購入して使った。造形が容易。
*2　食紅（食用色素）を水に溶いたものを絵の具（染料）として使用。
　　色素4%で水に溶いている。
*3　以降ロウ専用として使用。他の用途には使えなくなる。
*4　熱の発生を抑えるため蛍光灯を使用。予算が許せばLED灯も。
*5　コンセントをつなぐだけで電球を増やしていけるものを使用。簡単に安全に扱える。

※作業では，針金の先でケガをしないよう，みんなで気をつけよう！

2　紙貼り名人になろう

- 針金のかたちができたら，紙を貼ります。その前に電球をとりつけます。全体に光がいきわたるように，電球の場所を決めて，ビニタイで木の柱にしばりつけていきます。柱が足りないときや届かないときには，ドリルと木ネジで木を継ぎ足します。
- そして，いよいよ紙貼り。まず，紙を貼りたい場所の針金に，歯ブラシで木工ボンドをぬっていきます。
  それから，手早く，だいたいの大きさに切った障子紙をその場所に貼りつけます。障子紙がうまく貼れたら，はみだした部分をカッターで切り落とします。
- 今度は，そのとなりの部分。はじめと同じように，歯ブラシで木工ボンドをぬっていきます。さっきと違うのは，となりの紙と重なる部分。ここもちょうど針金の上になる部分にボンドを塗って，紙どうし重ねてはっていきます。そして，はみだした部分を切り落とします。紙どうしが重なった部分の切り落としは，よく切れるカッターで軽くスーッと切れ目を入れ，最後は手で破りとっていきます。これがうまくできたら，「紙貼り名人」！がんばろう。（もしなれなくても，「ケガしない名人」になる。これもすばらしいのです。）

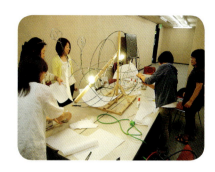

3　描いてぬって，ねぶたの完成！

- 紙がはれたら，いよいよ最後，筆を入れます。「ねぶた」には，三つの描き方があります。一つ目は，墨でぐっと力強い線を描くこと。二つ目は，とかしたロウで線や模様を描くこと。ロウで描いた部分は光をよく通して明るく光り，また，絵の具をはじくので，線や模様がくっきり浮かび上がる。三つ目は，カラフルな絵の具による彩色。今回は「食紅えのぐ」を使ったので，色を混ぜたり重ねたり，にじませたり，もういろいろな色が楽しめました！

食紅えのぐでカラフルカタツムリくんの誕生！

ロウでの描方

使わなくなった古鍋や「100均」で安く手に入る鍋を用意して，まず，ロウソクを鍋の中でとかす。このとき，けむりがでだすと温めすぎ。その手前で火から下ろし，とけたロウに筆を浸け，サーッと紙に描いていきます。紙にスーッとロウがしみこんだらOK。しみこまなくなったら，ロウの温度が下がりすぎ，鍋を温め直す。ロウの重ねぬりはできないので注意。鍋と筆は，これ以降，ロウ専用にして使います。

4　たくさんの人に楽しんでもらおう

小学校*の子どもたちは，運動会のソーラン節に登場させる「みこし」にしました！

*　福岡県宗像市立玄海東小学校 2013年度3，4年生のみなさんありがとうございました！

先生たちは，教育会館のホールにおいて，素敵な「ウェルカムねぶた」にしました！

大学生は，オープンキャンパスに訪れた見学者を楽しませました！

まとめ　完成した「ねぶた」には活躍の場を用意します。みんなが楽しめる「わがまち ねぶた」をはじめよう！

〔笹原　浩仁〕

対象学年　小学校高学年〜中学生

まわるまわる色が変わる
ぶんぶんゴマで混色を楽しもう

概要・コンセプト

円盤を複数の色で塗り分けて回転すると，思いがけない色の環に"変身"します。
さぁ，"色の不思議"を楽しもう。

評価の観点

- ○円盤を回転することによって変化する色を楽しむ。
- ○様々な色やかたちの組み合わせを考える。
- ●おもしろい色の環，美しい色の環ができるよう，色とかたちの組み合わせを工夫する。
- ○様々な組み合わせを試み，回転混色した効果の違いをとらえる。

材料・用意するもの

- ●厚紙（10×10cm，白ボール紙が扱いやすいでしょう）2枚
- ●タコ糸（120cm）　●絵の具・クレパス・マーカーなど　●パレット　●筆
- ●はさみ　●のり　●キリ（または千枚通し）　●定規　●コンパス

学習問題　円に様々な模様を描いて，回転してみよう

円盤を複数の色で塗り分けて高速回転すると，塗った色とは異なる色が現われる。これを回転混色という。面積比を変えるとどうなるか，別の色に変えるとどうなるか，いろいろ試してみよう。次に，円盤を自由な色と模様で描いて回してみる。円盤にどんな模様を描けば美しい色の環ができるのか，いろいろ試してみよう。

1 円盤をつくろう

コンパスやお椀などを用いて円を描き，はさみで切り取っても良いのですが，すごく厚くてかたい紙をはさみで切ることは児童には大変かもしれません。その場合，白ボール紙のような比較的切りやすい厚さの紙を2枚用意し，以下の要領で八角形の円盤（？）を作成すると簡単です。

1：10×10cmの厚紙2枚にそれぞれ2本の対角線と，その中心を通る水平線，垂直線を引く（白ボール紙の場合，1枚は表，もう1枚は裏に線を引きます）。
2：一方の厚紙を45度回転して中心を合わせて，のりで貼る（白ボール紙の場合，表に線を引いた紙が上になり，白の面が両面に現れるように）。
3：2枚が重なった部分を残し，周囲の三角形の部分をはさみで切って正八角形をつくる。
4：中心から5mmの位置に2か所，タコ糸を通すための穴をキリであけておく。

2 円盤を様々な色の組み合わせや割合で塗り分けよう

まず導入として，次のような色の組み合わせで混色の体験をさせましょう。
① 等面積で塗り分けてみましょう。
・黄と黄緑など色相が近い2色の組み合わせ
・赤と緑など色相が離れた2色の組み合わせ
② 同じ色の組み合わせでも，面積比を変えるとどう見えるでしょうか？
③ 色数を増やしてみましょう。
・赤，緑，青の3色の組み合わせ
・赤，黄，青緑，青紫の4色の組み合わせ
・赤，橙，黄，黄緑，緑，青，紫，赤紫など8つの色相で塗り分けたらどうなるでしょう？

3 穴にタコ糸を通して結んだら完成

- 糸の長さは体格に応じて調節しましょう。

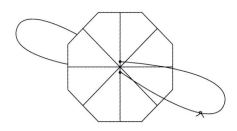

4 回してみよう

- 以下の要領で回してみましょう。
  1：両手で糸の両端を持ち，円盤をクルクルまく。
  2：たこ糸を両手で左右に引いて，糸のねじりがほどける瞬間に手をゆるめ，逆回りになったらまた引く。
  3：これを繰り返すと円盤がブーンブーンと音を立てて回り，混色します。

5 円盤を自由な色と形で塗り分けてみよう

- 同心円状，放射線状，渦巻き状，あるいは自由に，美しいデザインをいろいろ試してみましょう。それを回転してみると予想外の色の輪が現れる。それを見て，次にこうしたらどんな色の輪が現れるだろう，と考えながら，そのプロセスを楽しんでもらえるといいですね。試行錯誤を繰り返しながら，美しい色の輪を作って下さい。

解説　混色の原理について

　赤・黄・緑などの色合いの違いを色相といい，これを順番に並べたものを色相環といいます。面積の等しい２色で円盤を塗り分けて混色する場合，その色相差が小さいほど鮮やかな（彩度の高い）中間の色相に見え，色相差が大きいほどくすんだ（彩度の低い）中間の色相に見えます。

　色相環上の正反対に位置する２色（補色）の組み合わせでは灰色になりますが，彩度の強弱などの要因により，必ずしも面積が半分ずつの場合とは限りません。

　面積が異なる場合には，面積が大きい方の色に偏ります。

　赤，緑，青は「色光の３原色」にあたる色ですが，この３色に等分された円盤を回転すると色みが薄れ，灰色に近い色に見えます。

　色相環の中から，まんべんなく選ばれた８色を並べて回転しても，やはり灰色に近い色に見えます。これはニュートンが，プリズムを用いて光を分解する実験の際に発見したこと，すなわち，光が波長の異なる様々なスペクトル（単色光）の集まりであり，これを再び混合すると，もとの無色の光になることを実証しています。

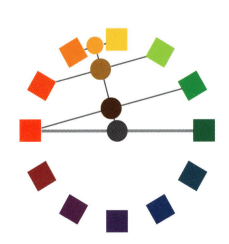

まとめ　デジタルでは味わうことのできない，素朴な材料と原理による色の不思議な魅力を，是非味わってください。

〔篠原 利朗〕

対象学年　小学校高学年〜中学生

どんな気持ち？
色とかたちで表そう

概要・コンセプト
「うれしい」「かなしい」「おこった」「たのしい」感じを色とかたちで表そう！

材料・用意するもの
- 色紙（トーナルカラー）　● 画用紙　● はさみ　● スティック糊　● のりつけ台紙
- 定規　● 鉛筆　● 消しゴム　● 配色パネル（教師用）

評価の観点
- ○色やかたちのイメージに関心をもち，意欲的に取り組む。
- ○自分の思い描いたイメージが表れるような色とかたち，あるいはその組み合わせを考える。
- ●色やかたちの組み合わせや並べ方による効果を考え，表現に活かす工夫をする。
- ○自他の作品について，色やかたちの選択，配色の工夫などから気持ちや感じを想像し，互いの表現の意図をとらえる。

学習問題
色とかたちで，様々なイメージを表現する楽しさを味わおう

色やかたちは私たちに様々なイメージを与えてくれる。色の選択とその組み合わせ（配色），かたちの選択とその並べ方などを工夫して，自分のもつイメージを具現化することにより，発想や構想する力を高めよう。

1 かたちを考えよう

- 丸，三角，四角や有機的な形などはどんな感じがするでしょうか？
- 円形や曲線はおおらか，やわらかい，やさしい，あたたかい，などのイメージ表現に適しているでしょう。四角や直線などはかたい，つよい，などの表現に，三角になるとより鋭く，刺激的で緊張感のあるイメージ表現に適しているでしょう。
- それでは，「うれしい」「かなしい」「おこった」「たのしい」感じを表現するには，それぞれどんな形がふさわしいでしょうか？
- 何となくイメージが湧いたら，スケッチブックや白紙に枠を描き鉛筆でアイデアスケッチをしましょう。

いろいろなかたちを集めてみました。それぞれどのような感じがするでしょうか？

2 色を考えよう

- 赤のなかま，黄色のなかま，緑のなかま，青のなかま，紫のなかま，橙のなかま，ピンクのなかま，茶色のなかま，白のなかま，灰色のなかま，黒のなかまは，それぞれどんな感じがするでしょうか？（➡p.60参照）
- あざやかな（さえた）色のなかま，うすい色のなかま，暗い色のなかまなどについてはどうでしょうか？（➡p.60参照）
- それでは，「うれしい」「かなしい」「おこった」「たのしい」感じを表現するには，それぞれどんな色のグループがふさわしいでしょうか？
- 生徒にはトーナルカラーを使って色を考えさせましょう。色数が足りなければ，他の色紙を加えても構いません。ポスター，包装紙などの色面の部分を切りとってもいいでしょう。
- トーナルカラーを広げ，全体を見渡しながら色を選びだし，組み合わせてみましょう。試行錯誤を繰り返しながら，それぞれのイメージに合う色の組み合わせ（配色）を見つけましょう。

同じような調子の色を集めてみました。それぞれどのような感じがするでしょうか？

画用紙に画面の枠を描き，ここに地色となる色紙を貼ろう

- 画面は正方形でも長方形でも構いません。ここでは色紙のサイズB6に合わせて設定しました。
- この画面に地色を選んで貼り"余白"をなくします。必ずしも1色でなくても2分割や3分割しても構いません。地色の面積が大きく現れれば，この色が基調色（ベースカラー）となり，全体のイメージをつくることになります。
- スティックのりを使うとしわになりにくく，使いやすいです。画面に直接のりを塗ってその上に色紙を置くと，はみ出た部分がベタベタになります。必ず，のりづけ台紙の上で色紙の裏面にのりを塗って画面に貼りつけましょう。

制作手順
①アイデアスケッチをします
②色を選びます
③最初に地色になる色を貼ることで，余白をなくすことができます

 それ以外の図になる色を切って貼ろう

- 図になる部分の色紙をはさみで切りましょう。かたちや大きさがアイデアスケッチとは多少変わっても気にすることはありません。
- 切った色紙を地色の上に置いてみましょう。イメージが違えばやり直し。必ず切った色紙を置いてみて配色や配置を確認しましょう。
- 確認ができたら，丁寧に貼って完成。

④図になる色を順に貼り重ねていきます

うれしい　　おこった　　かなしい　　たのしい

喜怒哀楽のイメージ表現

「うれしい」感じは，ゆったりとしたかたちにパステル調の淡い調子の色の組み合わせで表現しています。
「おこった」感じは，直線的でシャープなかたちに黄色や赤，黒などのコントラストの強い配色にしています。
「かなしい」感じは，寒色系の色を中心とした配色となるでしょう。この作品例では水平・垂直を基調とし，動きを止めています。
「たのしい」感じは，明るい調子あるいはあざやかな調子の色の組み合わせとなるでしょう。この作品例のように図となるかたちをある程度規則的に並べてリズム感を表現することも有効な方法でしょう。

 色はそれぞれ固有のイメージをもっていますが，いくつかの色を組み合わせると，そのイメージがさらに強く感じられたり，また表情が変わったりすることがあります。そのような色の楽しさ，不思議さに気づいてもらいたいものです。

〔篠原 利朗〕

解説　その他のテーマと表現方法について

　四季（春夏秋冬）のイメージはよく利用されるテーマです。味覚（あまい，からい，すっぱい，にがい）や楽器の音色（ピアノ，トランペット，フルート），音楽（曲）などをテーマにしてもいいでしょう。

　「どんな気持ち？」では抽象的な形態で表現した作品例を示しましたが，テーマによっては具象的なモチーフの形を利用しても構いません。また，かたちの検討については省略し，画面を正方形で分割して色の面積比と配置のみで表現する方法もあります。その場合，予めグリットを印刷したワークシートを用意しておくと制作しやすいでしょう。

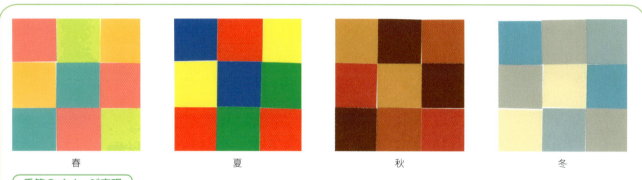

春　　　　　夏　　　　　秋　　　　　冬

季節のイメージ表現

かたちの検討を省き，配色のみで表現した例です。

「春」は花が咲き，若葉が茂る季節で，自然の中に様々な色を見つけることができます。そのため，春をイメージする配色は色数が多く，高明度で比較的彩度の高い色の組み合わせで表現しています。

「夏」は日差しが強く，微妙な色の差異はかき消されてしまいます。そのため，夏をイメージする配色は高彩度でコントラストのはっきりした色の組み合わせとしています。

「秋」の連想の対象は紅葉や落ち葉でしょう。赤から黄色までの色相にほぼ統一され，鈍い，あるいは暗い調子の色の組み合わせとしています。

「冬」は日差しが最も弱くなる季節であり，雪の白や氷の青みがかった色が連想されます。自然の中に色みが無くなるため，彩度が低く，グレイッシュな色の組み合わせとしています。

あまい　　　　からい　　　　すっぱい　　　にがい

味覚のイメージ表現

その「味」を特徴とする食べ物や飲み物からの連想によってイメージが生まれます。

「あまい」は桃やマンゴーあるいはミルクチョコレートなどを連想させる暖色系で，柔らかい調子の色の組み合わせと曲線的な柔らかいかたちで表現しています。

「からい」は唐辛子の赤や練り辛子の濃い黄色を連想するでしょう。黒との組み合わせにより刺激の強い感じを表現しており，さらにシャープなかたちでこれを強調しています。

「すっぱい」はレモンやグレープフルーツなどの柑橘系の色が中心となるでしょう。三角形を用いて刺激的な表現にしています。

「にがい」はコーヒーや濃いお茶，あるいは少し焦げた食べ物を連想させる茶色や濁った色の組み合わせと不定形の曲線的なかたちで表現しています。

解説　表現材料について
（色紙「トーナルカラー」を使用することのメリット）

　この題材は絵の具やクレパスなど，色紙以外でも可能です。絵の具であれば，混色によって様々な中間色がつくれます。しかし，目の前にない様々な色をイメージすることは難しいですし，複数の色の組み合わせと，その配色効果を想像することも困難です。

　その点，トーナルカラーであれば，色空間の中からまんべんなく選ばれた様々な色相やトーン（調子）の色を一度に見渡すことができ，組み合わせを自由に試しながら，その配色効果を確認することができるのです。

　また，準備や片づけが簡単であるというメリットもあります。

　しかし，材料費の問題があります。色数が多く，サイズが大きくなれば高価になり，費用が嵩みます。その場合には，ポスターや包装紙などの紙片を併用してもいいでしょう。日頃から色紙集めを行っておきましょう。

　日本色研事業株式会社から販売されている「トーナルカラー」は現在48色，65色，93色の三通りの色数が用意されており，トーンの種類が異なります。学齢に応じて使い分けるといいでしょう。小学校高学年なら48色か65色，中学校なら65色か93色のものが適切です。

　また，教師用としては同社から配色パネルが販売されています。マグネットつき色シートで初級用（43色），中級用（65色），上級用（140色）があります。

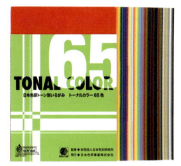
トーナルカラー65（日本色研事業株式会社）

配色パネル中級用（日本色研事業株式会社）

解説　色の調子（トーン）

　多くの色を眺めていると，その中には明るい色や暗い色，鮮やかな色やくすんだ色など，様々な色があることに気づきます。このような「明るい」「暗い」「あざやかな」「くすんだ」などの色の調子をトーン（色調）といいます。トーンは色の明るさの度合い（明度）とあざやかさの度合い（彩度）によって決まります。日本の美術教育で主に使用されている日本色研配色体系（PCCS）においては，無彩色は5つ，有彩色は12のトーンに分類されており，各トーンの名称は，それらがもつ色の印象をもとにつけられたものです。

　色相が異なっていても，色の調子が共通していれば同じイメージとしてとらえられますが，これは特に彩度が低いほど顕著です。ここでとり上げた題材のようなイメージ構成においては，トーンのイメージを活用することが有効です。

　なお，「トーナルカラー65色」には，このうち以下の7つのトーンが含まれています。

- さえた色のなかま（ビビッドトーン）
- あかるい色のなかま（ブライトトーン）
- うすい色のなかま（ペールトーン）
- こい色のなかま（ディープトーン）
- くらい色のなかま（ダークトーン）
- にぶい色のなかま（ダルトーン）
- あかるいはいみの色のなかま
（ライトグレイッシュトーン）

課題
　トーナルカラー65色の一部を15×15mmに切り取り，巻末のワークシートの指示に従って貼り込みましょう。

　これを完成することによって，色の全体像，色同士の関係が読み取れます。

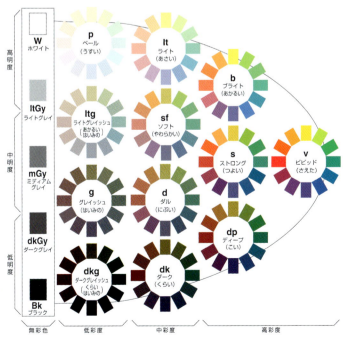
日本色研配色体系（PCCS）のトーン図

対象学年 小学校高学年

ポスターで伝えたい！
一目で伝わるポスターの描き方

概要・コンセプト

ポスターは遠くから見ても一目で何を伝えようとしているのかがわかるものでなければなりません。
そのために必要なキャッチコピー・絵と文字の構成・色彩について考え、ただ描くだけではなく言語活動を取り入れながらつくりあげていきましょう。

材料・用意するもの

教師：下書き用の紙，画用紙（四つ切），アクリル絵の具
児童：鉛筆，水彩絵の具

評価の観点

○伝えたいことが伝わるようなポスターを描くことに関心をもつ。
●自分の思いが伝わるような絵と言葉の組み合わせを考える。
●表したいイメージに合わせて構成や色を工夫する。
○友だちの作品の表現の意図をとらえたり，よさや美しさを感じ取る。

学習問題　伝えたいことが伝わるようなポスターを描こう

ポスターは文字と絵で伝えたいことを伝えるためのものです。遠くから見て一目で何を伝えようとしているのかがはっきりわかることが重要です。文字・絵・色の組み合わせ方を工夫してポスターをつくってみましょう。

1 自分のテーマを決めよう

- まず，キーワードを書きだし，自分のテーマを決めます。例えば「環境」についてのポスターであれば，「自然」「環境汚染」「自然破壊」「３Ｒ（リユース・リデュース・リサイクル）」「ゴミ」「ポイ捨て」…など，色々な言葉がでてきます。その中で何を描きたいのか，自分のテーマをはっきりと決めていきます。

2 キャッチコピーを考えよう

- 決定したテーマをもとに，キャッチコピーを考えます。キャッチコピーは，わかりやすくメッセージが伝わることが大切ですから，あまり長くならないようにします。例えば「ポイ捨て禁止」がテーマなら，「ポイ捨てはやめよう」「やめよう，ポイ捨て」など，簡単なキャッチコピーがいいでしょう。もっと単純にするなら，ポイ捨てをしている絵を描いて「やめよう」というキャッチコピーだけでも十分です。このように絵と関連づけながら考えます。

3 ラフスケッチからトリミングをしよう

- ラフスケッチとはおおまかな下描き，トリミングとは絵の不必要な部分を切りとって必要な部分を抜きだすことです。
- キャッチコピーが決まったら，どのような絵にするか考えます。何枚も紙にラフスケッチをしてみます。
- いじめ防止ポスターを描く場合，どうしても「いじめられたけど，仲良くなった」「いじめたり見て見ぬふりをしたりせずに仲良くしよう」というように，２場面，３場面を画面の中に無理やり押し込もうとする傾向があります。しかしそれでは，情報量が多すぎて「遠くから見て一目でわかるポスター」にはなりません。一つの場面の，最も伝えたい部分だけを切りとることが重要です。

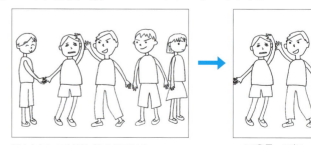

様々なテーマが押し込まれている → 一つのテーマに絞られている

58

- 次にトリミングをします。ここでは，いじめられている場面だけを描くことにしました。全身を描く予定でしたが，部分を拡大した方がいじめられている様子が分かり，迫力が出ると感じたので必要な部分だけをトリミングしてみました。また，最初のラフスケッチでは画面を横にしていましたが，トリミングによって縦の方がおさまりがいいので縦位置に変更しました。

全身が描かれているがインパクトに欠ける　→　トリミングにより表情も大きく描け，迫力が出た

4 レイアウトを決めよう

- 絵が決まったら，キャッチコピーをどのように配置するか考えます。画面の四隅や中央，また，縦置きや横置きなど色々なパターンが考えられます。ラフスケッチを何枚かしてみて選びます。
- レイアウトが決まったら画用紙に鉛筆で絵を描きましょう。

5 文字のレタリングをしよう

- レタリングとはデザインされた文字のことです。ポスターの中で最も重要だといっていいでしょう。絵が多少苦手な人でもレタリングがとてもきれいに入っているとポスター全体が引き締まって見えます。書体には「ゴシック体」や「明朝体」などがありますが，絵のイメージに合うものを選びましょう。
- 画面に直接レタリングする方法
  ①描きたい文字の大きさに合わせて正方形の枠を描きます。枠は最後に消してしまうので薄く描いておきましょう。
  ②枠いっぱいに文字の骨組みを描きます。
  ③骨組みに肉づけをしていきます。文字の見本を参考に，バランスよく描きます。直線部分は定規で描きます。
  ④文字を描き終わったら枠を消します。

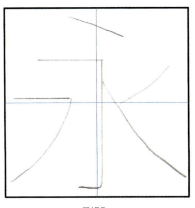  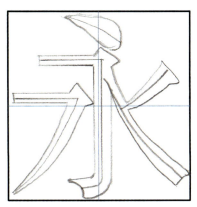

骨組み　　ゴシック体　　明朝体

- プリンタから出力した文字を転写する方法
  ①パソコンの文書作成ソフトなどでキャッチコピーを原寸で打ち，プリントアウトします。
  ②その紙の裏側を，２Ｂくらいの濃い鉛筆で塗りつぶします。
  ③画面上に文字を配置し，ボールペンや鉛筆などで文字の輪郭をなぞります。
  ④そうすると画用紙に文字が写ります。

①プリントアウトする　②裏を鉛筆で塗る　③ボールペンなどでなぞる　④画用紙に写る

人，物などの絵の部分を塗ろう

- まずは絵の部分に色を塗ります。アクリル絵具が扱いやすいのですが，小学生は一般的に水彩絵具を使用します。水を控えめにして，丁寧に塗っていきます。

 ## 背景を塗ろう

- 次に背景を塗ります。塗り残す部分がないようにしましょう。
- 背景は色から与えられるイメージを元にして色を決定していきます。

色のイメージ・連想

■赤	情熱・辛い・あつい・夏・激しい・危ない・強い	■ピンク	女の子・子ども・春・かわいい・幼い・優しい・ハート
■オレンジ	楽しい・明るい・元気・フレッシュ・甘酸っぱい・暖かい	■茶色	自然・お年寄り・おじさん・古い・渋い・地味・和風
■黄	明るい・輝き・酸っぱい・一年生・楽しい・光・子ども	□白	寒い・冬・無・明るい・軽い・純粋・清潔・天使
■緑	植物・優しい・落ち着く・和風・癒し・のどか	■黒	暗い・悲しい・怖い・クール・夜・闇・悪・死
■青	涼しい・冷たい・男の子・空・海・爽やか・悲しい	■灰色	煙・薄暗い・暗い・渋い・悲しい・曇り・地味
■紫	毒・暗い・闇・悪・おばあちゃん・大人っぽい・上品		

トーン（色調）のイメージ・連想

	うすい色のなかま（ペールトーン）	優しい・やわらかい・春・幼い・若い・女性・うすい
	さえた色のなかま（ビビットトーン）	元気・新鮮・夏・明るい・子ども・鮮やか・若い
	くらい色のなかま（ダークトーン）	暗い・悲しい・絶望・冬・お年寄り・男性・渋い
	にごった色のなかま（グレイッシュトーン）	お年寄り・おばさん・薄暗い・古い・地味・悲しい

小学5・6年生約100名に行ったアンケート結果から，数の多かった言葉をまとめたものです。

- 同じキャッチコピーのポスターですが，絵のイメージから背景の色が全く違うものになっています。左の作品はオレンジから黄色のグラデーションを使っており，「明るい，元気，健康的，強い」などのイメージが感じられます。右の作品は黒からグレーのグラデーションを使っており，「暗い，悲しい，悪」などのイメージが感じられます。

8　仕上げに文字を塗ろう

- 文字は最後に塗ります。せっかくきれいにレタリングしたのに，はみだしてしまわないように丁寧に塗ります。できればアクリル絵具で塗りたいところですが，水彩絵具しかない場合は薄くならないよう，水は控えめにします。
- 文字の色は背景や絵の色と照らし合わせて引き立つ色を使って塗ります。
- 色は基本的には混色せずに使います。しかし最も目立たせたい言葉だけ色を変えたり，どうしても目立たない場合は文字を違う色で囲んだりといろいろな方法も考えられます。

9　確認をしよう

- 文字を塗り終えたら少し離れてポスター全体を見てみます。本当に文字が目立つか，塗り残しがないか，全体のイメージがいいかなどを確認しましょう。近くから見ているだけでは気づかないところも見えてきます。

作品例

人権ポスター

人権ポスター

人権ポスター

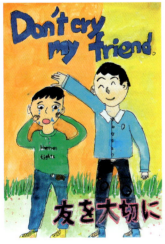

人権ポスター

人権ポスター

喫煙防止ポスター

まとめ　ポスターは小学生にとっては「難しい」と感じられる題材で，教師側もついつい指示をだしすぎてしまうことがあります。色やかたちなど基本的なことをしっかり指導し，あとは児童の「何とかしよう」という試行錯誤する態度を引きだすことが重要です。参考作品では，水彩絵の具では色が薄いのでペンで縁どりをして絵や文字をはっきりさせようとしています。そのようなアイディアを認めながら指導していきたいものです。　〔松本　朋美〕

クレヨンをつくろう

対象学年　小学校低学年〜

概要・コンセプト

誰もが一度はクレヨンで描いたことがあるはずです。そんなクレヨンが自分でつくれるのです。材料となる生の色（顔料）を見たり，実際につくったクレヨンが描けることに驚いたり，子どもの感性をくすぐっていきます。

自由に型を成形して，クレヨンの素を流せば《オリジナルクレヨン》の完成だ！

評価の観点
- ○進んで制作にとり組み，つくりだす喜びを味わう。
- ○豊かな発想をもってクレヨンのかたちをつくることができる。
- ●クレヨンの素材がもつ匂いや色をからだ全体の感覚を働かせて感じる。
- ○完成したクレヨンのかたちからおもしろさや楽しさを感じ取る。

材料・用意するもの

- ●みつろう　●キャンデリラワックス*　●ひまし油　●顔料（各色）
- ●スティック棒　●計量カップ　●計量スプーン　●ホットプレート　●粘土板
- ●型の材料と道具（油粘土，土粘土，粘土ベラ，シリコン型など）

学習問題　どんな色やかたちのクレヨンがいいだろう

きみは何色が好きかな。自分の好きな色を探してクレヨンをつくろう。市販のクレヨンのかたちは棒状やブロック状がほとんどです。オリジナルのクレヨンでは，どんなかたちにもつくることができます。さて，どんなかたちのクレヨンをつくってみたいですか。

1　材料を混ぜ合わせて溶かそう

- 基本的な材料は，色の粉である顔料と蝋です。これを混ぜ合わせて溶かすとクレヨンができます。さらに描き心地の工夫として，蝋の種類を変えたり油を混ぜることで硬さや滑らかさの異なるクレヨンをつくることができます。
- 今回は発色と描き心地にこだわった配合でクレヨンの素を準備しました。

カップに入っているのは溶かす前のクレヨンの素。今回使用した材料と配合比（体積比）は以下の通り。

みつろう　15
キャンデリラワックス　5
顔料（パーマネントオレンジ）7.5
ひまし油　1

＊キャンデリラワックスは，キャンデリラ草からとれる蝋です。みつろうだけのクレヨンに比べて滑らかな描き心地になります。

70℃前後の温度で溶解させます。ホットプレートを使用すると十名程度の人数で同時につくることができます。
注意点は，温度を高くして蝋を焦げつかせないこと。焦げが心配な場合は，湯煎による溶解もできます。

ホットプレートでは低温の細かな温度設定が難しいため，温度調節器をつなげて使用しました。

2 どんなかたちのクレヨンがいいかな

- 既製のクッキー型やシリコン型を利用することができます。
- 自分でオリジナルの型をつくるなら，油粘土や土粘土で制作できます。

クッキーの型を油粘土で固定

市販のシリコン型

油粘土の型に離型剤として炭酸カルシウムをまぶした状態

3 クレヨンの素を型に流して冷まそう

- クレヨンの素が溶けたら型に注ぎ込みます。溶けた蝋は熱いのでやけどに注意が必要です。
- 幼児や低学年が参加する場合は，型づくりだけをおこなって，注ぎ込む作業を教員が代行してもよいでしょう。

湯煎で溶かすこともできます

注ぎ込む

教員が注ぐ場合は，まとめてクレヨンの素をつくります

4 色々なクレヨンたち

- 型作りを工夫することで，造形の要素もとり入れることができます。
- クレヨンづくりという題材から，さらに造形性やデザイン性の内容に発展できると，教材としての目的が広がることでしょう。

カラフルな色と自由なかたち

シリコンの型を利用したお菓子のようなクレヨン

指を土粘土で覆って取った型を使用

できあがった指クレヨンは，リアルさが不気味でおもしろい

まとめ 材料や道具の準備が必要なので，なかなか気軽につくろうというわけにはいきませんが，できあがった温かいクレヨンを型からとり出す体験は特別なものです。つくったクレヨンを使ってみると，本当に描けるか不安だった気持ちが驚きと笑顔に変わっていきますよ。

〔加藤 隆之〕

対象学年　小学校低学年

いい音するかな？
ねん土で鈴をつくろう　土鈴づくり

概要・コンセプト

どろんこ遊びが，子どもたちの本能的な満足感を満たすように，粘土も触覚を通して，子どもたちの心の深度にふれる魅力的な素材です。

土鈴づくりを通して，ちぎる，まるめる，にぎる，たたくという自然発生的行為から，のばす，つつむ，つまむ，ほる，けずるなど技法を学ぼう。

評価の観点
○進んで制作にとり組み，つくりだす喜びを味わう。
○粘土の扱いに慣れ，素材と向き合いながらかたちをつくる。
○自らの手でものをつくり上げた充実感や自信を味わう。
○友だちの作品を見て，自分との違いやよさを見つける。

材料・用意するもの
●テラコッタ粘土 500 g　●新聞紙半枚　●木綿糸少々　●楊枝　●紐

学習問題　工芸的なものづくりは根気強く，ていねいに！

おなじかたちの鈴を10個つくることに挑戦しよう。まるめる，のばす，つつむ，つまむ，穴を開けるなど各段階の手順を着実に進め，忍耐強く，繊細な感性を養いたい。

1　ねん土をまるめて，ねん土玉づくりをしよう

● 直径10mm 程度のねん土玉を10個つくります。

2　ねん土玉を新聞紙で包み，木綿糸でほつれないように巻き，紙玉をつくろう

● 直径30mm 程度になるように新聞紙で10mm のねん土玉を包みます。
● 紙を整えながら，ほつれないように木綿糸で巻きます。
● 紙玉はコチコチにするのではなく，やや弾力のある程度にします。

3　ひとつかみのねん土を円形にのばし，紙玉をつつもう

- 厚さ3mm程度，直径80mm程度になるように，ねん土を円形にのばします。
- のばしたねん土を手のひらに乗せ，中心に紙玉を置きます。
- つつみながら，下げ手をつくります。
- 全体を指でなで整えます。
- シュロ縄を通す穴を開けます。

4　鈴穴を開けよう

- 楊枝の先で鈴の割れ目をつくります。
- 中心に向かって半周程度。
- 中の紙が見えるまで，ねん土を切る感じで。

5　乾燥，焼成

- 焼成については今回は省略しますが，電気炉があると一番いいです。
- 何もない場合は，少量ならば七輪と炭で焼けます。
- 大量ならば煉瓦やブロックを使い，薪で焼くのもおもしろいです。

6　下げ手に紐をつけて，完成！

- 焼き上がった鈴に，水彩絵の具で色をつけてもおもしろいです。

まとめ　本題材は，音の出る原理を理解したうえで，土の成型，乾燥，素焼き，絵つけなどの陶芸の基本的技能を経験させる題材です。段階ごとの手順を着実に進め，忍耐強く繊細な感性を育てることを目標とします。〔千本木 直行〕

対象学年　小学校5年〜

木の匙をつくろう1
バターナイフづくり

概要・コンセプト

　自由な発想で新しいかたちやものを生みだすものづくりではありません。
　かたちを限定し，普段自分たちが使うための道具をつくるという，単純で素朴なものつくりです。
　素材と向き合い，道具を使って自らの手でつくり上げることは，自ら考え，感じることを必要とすると，とても奥深い！

材料・用意するもの

- 山桜の板
- 型
- 切りだしナイフ
- 紙やすり（#80，#180，#320）
- 荏油（えあぶら）
- ウエス
- 参考作品

評価の観点

- ○進んで制作にとり組み，つくりだす喜びを味わう。
- ○切りだしナイフの扱いに慣れ，素材と向き合いながらかたちをつくる。
- ○自らの手でものをつくり上げた充実感や自信を味わう。
- ○友だちの作品を見て，自分との違いやよさを見つける。

学習問題　バターナイフづくり！

　シンプルで飽きのこないかたちを提案。つくりやすいこと，使いやすいこと，愛着がもてることを考慮したバターナイフ。
　木工作家である三谷龍二氏がつくっているバターナイフを目標に，完成度を上げることで得られる充実感や自信，つくったものに愛着をもとう。

1 山桜の板に木取りをして伐り抜こう

- 厚さ6mm，縦150mm，横30mmの山桜の板に型紙と鉛筆を使って木取りをします。厚さがこれ以上になると，山桜は堅いため制作が困難になります。一つの板に二つ取れるようにしましょう。
- 墨づけをした線よりも若干外側を伐るように意識しながら，ゆっくりと電動糸鋸で切り抜きます。電動糸鋸はゆっくり使用するのがコツ。

2 切りだしナイフで削ろう

- 切りだしナイフの注意事項。利き手でナイフをもち，材をもつ手の親指でナイフの背を押しながら削ります。まず，バターナイフの柄尻を削り，慣れることからはじめましょう。
- 逆目に注意して削ります。逆目にきたと思ったら反対方向に削ります。もちづらいときは版木止めを使うと削りやすいです。
- 参考作品をよく見ながら，丸みや薄さを出していきます。

紙やすりで形を整えよう

- 80番の紙やすりで改めてかたちをつくります。へら部分を薄くするには紙やすりが有効。
- 180番の紙やすりで木肌を整えて傷をなくします。指先で撫でながらかたちを確認します。少しでも凸凹を感じたら，妥協せずにこの段階で整えましょう。
- 320番の紙やすりで木肌をきめ細かくし，肌触りをよくします。

荏油を塗って完成

- 320番の紙やすりで磨かれたバターナイフを水洗いします。乾くと表面が毛羽立ってくるので，再び320番で磨きます。これを3回程度繰り返します。
- 荏油をしみこませたウエスでバターナイフを拭き上げます。荏油をしみこませることで木肌を保湿・保護できます。
- 完成！

 　本来，ものをつくるという行為は，自分のために行われるものです。このことがより美しいものや使いやすいもの，より愛着のあるものへと追求する動機となります。図画工作において，ものづくりの行為で得られる満足感やつくったものに対しての愛着心を感じさせることは，非常に重要なことであると考えます。　　〔千本木 直行〕

対象学年　小学校6年〜

木の匙をつくろう2
つくろう！ごちそうスプーン

概要・コンセプト

　自由な発想で新しいかたちやものを生みだすものづくりではありません。
　かたちを限定し，普段自分たちが使うための道具をつくるという，単純で素朴なものつくりです。
　素材と向き合い，道具を使って自らの手でつくり上げることは，自ら考え，感じることを必要とすると，とても奥深い！

評価の観点

○進んで制作にとり組み，つくりだす喜びを味わう。
○道具の扱いに慣れ，素材と向き合いながらかたちをつくる。
○自らの手でものをつくり上げた充実感や自信を味わう。
○友だちの作品を見て，自分との違いやよさを見つける。

材料・用意するもの

●山桜の板　●型　●切りだしナイフ　●丸刀　●版木止め　●当て木
●紙やすり（#80，#180，#320）　●荏油　●ウエス　●参考作品

学習問題　スプーンづくり！

　スプーンはバターナイフに比べてかなり難易度が高い。スプーンは直接口に触れるものであり，かたちにより使いやすさが左右される。
　スプーンの3次元的な形をとらえることは立体把握につながる。参考作品を目標に，完成度を上げることで得られる充実感や自信，つくったものに愛着をもとう。

1　丸刀と切りだしナイフでスプーンの皿部分をつくろう

- 木取りされた桜材の皿部分に，縁から2mm程内側にくぼみ部分の線をつけます。線の内側を面のつながりを考えて，丸刀で彫っていきます。
- 皿の裏側を切りだしナイフで削っていきます。皿の内側のかたちに添うように厚みをとっていくことがコツ。
- 桜材が堅くかなり手強いので，辛抱強く取り組みましょう。
- 80番の紙やすりで削り，跡をとって成形します。

68

2 柄を削ろう

- 柄のかたちに関しては，丸みのついたもの，角になっているものなど，いくつかの参考作品に触れて，かたちを決めていきます。
- 逆目に注意して切りだしナイフで削ります。
- 当て木を使いながら80番の紙やすりで成形します。皿と柄のつながりを意識し，左右のバランスを整えましょう。
- 参考作品をよく見ながら，丸みや薄さを出していきます。

3 紙やすりで形を整えよう

- 180番の紙やすりで木肌を整えて傷をなくしましょう。指先で撫でながらかたちを確認します。少しでも凸凹を感じたら，妥協せずにこの段階で整えましょう。
- 320番の紙やすりで木肌をきめ細かくし，肌触りをよくします。

4 荏油を塗って完成

- 320番の紙やすりで磨かれたスプーンを水洗いします。乾くとスプーンの表面が毛羽立ってくるので，再び320番で磨きます。これを3回程度繰り返します。
- 荏油をしみこませたウエスでスプーンを拭き上げます。荏油をしみこませることで木肌を保湿・保護できます。
- 完成！

まとめ 本題材におけるものづくりは，普段自分たちが使うための道具をつくるという単純で素朴なものづくりです。素材と向き合い，道具を使って自分の手でつくり上げる行為は，自分で考え，感じることを必要とします。

〔千本木 直行〕

対象学年　小学校高学年〜中学生

ピカピカ銀メダルをつくろう！
溶けた金属を紙粘土鋳型に流し込もう

概要・コンセプト
紙コップの裏底にデザインしたものが，輝く金属に移り変わる。それはまさしくあの銀メダル！
使う金属は錫なので錆びません。いつまでもピカピカです。
つくり上げた人だけが手にできる宝物。電気炉がなくても大丈夫！
手軽に鋳造しよう。

評価の観点
- 作業内容を理解し，積極的に取り組む。
- 表現できるデザインについて，工夫する。
- 金属の質感を楽しむ。
- 自他の作品から表現のおもしろさや工夫を感じ取る。

材料・用意するもの
- 紙コップ　● 油粘土　● 紙粘土　● 厚紙　● 鉛筆（2B）　● ボールペン　● ハサミ
- のり　● 木の丸棒（直径6mm，長さ4cm）　● ガスコンロ　● ステンレス鍋
- お玉　● 錫　● 軍手　● 割りばし

学習問題　オリジナルの銀メダルをつくってみよう

メダルのデザインを考えて，紙コップの裏底に厚紙を切り貼りしたり，ボールペンで凹ましてデザインを写す。紙粘土に押しつけて凹んだところに溶けた金属を流し込んだら，ピカピカなメダルができあがる。

1 原型をつくろう

1. 紙コップを逆さに置き，裏底の凹んだ部分を平らにするために油粘土をつけます。平らにした面からメダルの厚み分5mmの場所に線を一周書きます。
2. メダルのデザインをプリントに線で描きます。あとの作業で，パーツごとに厚紙を切り貼り重ねていくことを理解し，それに適したデザインにします。紐を通すための6mm穴の〇印も描きます。※貼り重ねは3段までとします。
3. デザインを複写するために，デザイン画の裏面全体を鉛筆で塗ります。
4. 厚紙を下にして，それぞれのパーツのラインを鉛筆でなぞります。
5. パーツを貼りやすくするために，メダルのデザインを写した厚紙をはさみで切りとり，油粘土の上にのりで貼りつけます。
6. 複写されたパーツをはさみで切りとり，写した場所に合わせてのりで貼りつけます。
7. 線で表現したい部分は，ボールペンを使い高めの筆圧で書き凹ませます。

鋳型をつくろう

1. 紙コップ底面の直径の1.5倍，厚さ16mm程度の紙粘土を用意します。
2. 紙粘土にメダルの厚み線まで原型を垂直に押し込みます。
3. メダルの厚み線を越えないように注意しながら，原型の周囲の紙粘土を，原型を抑えながら押しつけます。
4. 10分程放置し紙粘土を若干乾燥させ，慎重に原型を引き抜きます。
5. 紐を通す穴を作るため，鋳型の所定の位置に先端を削った丸棒を差し込みます。

※水分の多い紙粘土を使うと鋳込んだ時に水蒸気の影響で金属が飛散することがあるので，事前に確認してください。

 ## 鋳込み

1. 錫の融点は約232度なので，ガスコンロで溶かすことができます。ステンレス鍋に必用量の錫を入れ（1個約80ｇ）強火で溶かします。
2. 割りばしをもち，溶けた錫の中に入れ，箸が焦げなければ適温です。鋳込み温度は300度位です。
3. お玉ですくい，鋳型に流し込みます。※必ず軍手を着用してください。

 ## 仕上げ！

1. 鋳込み後10分以上放置し，メダルを冷まします。
2. 丸棒をもって鋳型からメダルをとりだし，メダルから丸棒を抜きとります。
   ※必ず軍手を着用してください。
3. バリなどチクチクする場所があれば，ヤスリでとります。
4. 穴に革紐などを通して銀メダルの完成です！

まとめ　コップの裏底に厚紙を貼るだけで，凹凸感がはっきりでます。また，ボールペンで強く書いた凹み線も表現できるので，数字や文字もデザインできます。
　　　紙粘土を鋳型にするので，電気炉が無くても手軽に鋳造できます。
　　　溶けた錫で木が燃えることはないので，鋳型に棒を差すだけでメダルに穴を空けることができます。
　　　錫は比重が7と重いため，お玉で銀色に溶けた液体をもったときの驚きがあります。
　　　自分がデザインした銀メダルを，是非，宝物にして欲しいと思います。
〔宮田 洋平〕

対象学年　小学校高学年〜中学生

キラキラな顔をつくろう！
溶けた金属を鋳型に流し込もう

概要・コンセプト
粘土でつくったものが輝く金属に移り変わります。それは金属の板や棒ではないキラキラした塊り。
ずっしりとした重みはペーパーウエイトとしての実用性があります。
そして何より宝物になります。
溶けた金属を机の上で鋳型に流し込む，そんなことができる！

評価の観点
○作業内容を理解し，積極的にとり組む。
○顔の表情について，しっかりと観察する。
○粘土から金属に移り変わる素材変化を楽しむ。
○自他の作品から表情のおもしろさや工夫を感じとる。

材料・用意するもの
●合板　●油粘土　●短めの釘　●竹串　●プラスチックコップ
●ガムテープ　●水　●石膏160ｇ（ビニール袋に入れ閉じておく）
●砂90ｇ（ビニール袋に入れ閉じておく）　●はさみ　●スプーン　●電気炉
●ガスコンロ　●軍手　●ステンレス鍋　●お玉　●錫　●ヤスリ　●布

学習問題　粘土でつくった顔を金属にしてみよう

笑った顔，びっくりした顔，怒った顔，自分の顔，友だちの顔，色々な顔の中から気になる顔を粘土でつくってみよう。その顔に砂と石膏で鋳型をつくり，粘土をとりだして溶けた金属を流し込んだら，キラキラな顔ができる。

1　原型をつくろう

1. 半球をベースに立体的な顔をつくるためのデザインをプリントに描きます。極端に突起していたり入り組んだ形状をつくると粘土を鋳型からとり難くなるので，デザインする時点での注意が必要です。
2. 13cm角程度の合板の中央に，粘土が動かないようにするための短い釘を頭が1cm程でた状態に打ち込みます。直径4cm径程度の半球状の粘土を用意し，板の中央に刺しながら置きます。粘土が変形しないように気をつけて，板に淵を擦りつけます。
3. パーツをつけ足すための粘土を用意します。竹串の先端を切り平らに削ったヘラを用意し，細かい部分をつくります。

2　鋳型をつくろう

1. 鋳型の枠をつくるため，容量450cc程度のプラスチックコップを半分の深さで切り，上半分を使います。あとで鋳型から枠を剥がしやすくするために，枠の一か所を縦に切断しガムテープで留めておきます。

2 カップの淵部分を下に向け，原型が中心になるように枠を板の上に置き，板と枠の間から鋳型材が漏れないように油粘土で目留めします。

3 鋳型材をつくります。プラスチックコップに水を110cc入れ，石膏が入ったビニール袋の角をはさみで切り入れます。同様に砂も入れスプーンで撹拌します。

4 鋳型材をスプーンで原型の表面全体に回しかけ，細部に入るようにストローで息を吹きかけます。その後，残りを全て枠に流し込みます。

5 鋳型材が固まったら，ガムテープを剥がし，枠をとって，板から鋳型を外します。

6 ヘラを使い，周囲から中心に向けて掘り起こすようにして鋳型から粘土原型をとりだします。石膏鋳型に傷などをつけないように気をつけます。

3 鋳型焼成

1 電気炉を650度に加熱し，25分間焼成し，水分を除去します。

4 鋳込み

1 錫の融点は約232度なので，ガスコンロで溶かすことができます。
ステンレス鍋に必用量の錫を入れ（1個約200ｇ）強火で溶かします。

2 割りばしをもち，溶けた錫の中に入れ，箸が焦げなければ適温です。鋳込み温度は300度位です。

3 お玉ですくい，鋳型に流し込みます。鋳型は常温になるまで冷ましておきます。※溶解作業時は必ず軍手を着用してください。

5 仕上げ！

1 固まったら水を入れたボールに入れ冷まします。
2 手で鋳型を崩し，作品をとりだします。
3 バリなどチクチクする場所があれば，ヤスリで削りとります。
4 布で磨いて完成です！

まとめ　ペーパーウエイトという用途性をもちつつ，個性的な顔をつくることができます。扱いやすい粘土でつくったものが，金属に生まれ変わるおもしろさがあります。
　　溶けた金属を自ら鋳型に流し込むという貴重な体験ができます。鋳込む際の緊張と，鋳型から生まれでる銀色の顔を見たときの喜びは格別です。是非，宝物にして欲しいと思います。　　　　〔宮田 洋平〕

> コラム

子どもの気分になって図工室で活動

図画工作の授業を図工室で行う機会が減少している。
授業時間の減少，主要科目の授業時間数の確保，保護者との連絡業務の増加……。
様々な要因が考えられるが，図工室を使うとこんなに楽しい授業が展開できることを体験して欲しい。ある夏休み，図工室で先生たちの研修会がはじまった！子どもの気分で活動すると，いままで見えてこなかった楽しさや問題点がよく分かり，自信をもって授業に臨むことができる。

食紅を使った色水の活動。　　色水をつくるのは料理みたい。みんなで協力すると早くできる。

うまくまぜると，きれいな虹色が生まれる。溶けた蝋で和紙にグルグルと絵を描き，
虹色絵の具をかけていくと，蝋で描いたグルグルが浮かび上がってきた。

用意したガラス容器に色水を入れると，
お洒落なインテリアにもなる。

今回の研修を生かして実際に授業環境を工夫した。
子どもの気分で色水を洗うと，流しでも学習機会が…。

3 みつめて みよう

対象学年　小学校高学年〜

パブリックアート
自分たちの美術館

概要・コンセプト

「あ！そうだ！！」そんな子どものひらめきや感性を大切にしながら作品づくりができるように，この実践にとり組みました。
　場所の特徴を基につくりたいものを発想し，材料を選択しながら，パブリックアートを制作していこう！

材料・用意するもの

- 必要なものは子どもたちが集める。　※木材や段ボールはほかの授業のあまりを使った。
- のこぎり　●かなづち　●くぎ　●やすり　●カッター・段ボールカッター
- 接着剤　●セロテープ・布ガムテープ　●絵の具　●筆・刷毛

評価の観点
- 気に入った場所を見つけ，場に合ったテーマや作品を発想することを楽しむ。
- 発想したことを表すための材料や組み合わせ方を考える。
- これまでの経験を生かして，つくり方や色のつけ方を工夫する。
- 友だちと話しながら，作品の展示方法を考え，互いのよさを感じとる。

学習問題　こんなところに！アートがある！！

岡本太郎の太陽の塔からパブリックアートを知り，学校に自分たちが考えたパブリックアートをつくり，設置しよう。

1 場所を決めよう

- 班ごとにカメラをもって「この場所にこんなものがあったらいいな。」と想像しながら，学校の中を散策します。校舎内の階段・廊下・窓・鏡，外ならば遊具・木々など，子どもの発想を刺激するものがたくさんあります。あ！ここがいいなと思った都度，その場所をカメラで撮影していきました。
- 場所を設定し，その場所から何をつくるかテーマを考えます。ここでの，場所→テーマの発想がポイントになっていきます。テーマが決まったら，撮影した場所の写真をプリントアウトし，そのプリントにテーマに沿って思いついたものを描き込んでいきます。

2 材料を選択して，制作しよう

- 次は作品をつくっていきます。
　それぞれの場所に合った材料を選ぶ必要があります。例えば外につくるのであれば，耐水性でなければつくった作品が壊れてしまいます。室内でも階段，廊下，窓などそれぞれ特徴が違ってきます。それを踏まえた上で材料を選ぶことがポイントになります。

3 作品に色をつけよう

- 色をつけていきます。画材も場所やものに合わせて選んでいきます。
  - 校外…ペンキ
  - 校内…ポスターカラー，水彩ペン，油性ペン

4 作品をそれぞれの場所に展示しよう

- できた作品をそれぞれの場所に展示してみます。「もっとこう置いたほうがいいよ」など，自然と会話が生まれてきます。「よし，この位置に置こう」と決まったら，場所と作品を写真に残します。
  - ※ 子どもたちにここがいいというポイントをつかんで欲しいので，設置するのも，写真を撮るのも，すべて子どもたちで行うといいと思います。

5 プレゼンテーションを作成し，発表しよう

- これまでに撮った画像を使って，PowerPoint でプレゼンテーションを作成します。
- 最後は電子黒板で発表します。

発表の構成
- 場所の設定理由
- テーマ
- 制作の様子
  発表の構成アートについて
- まとめ（感想）

 いつも見ている場所をアートな視点で見ると，子どもたちの発想は膨らんでいきました。そして，材料も道具も，身近にあるものを使い，いままで学習したことを生かして，自分たちで表現方法を考えました。身近なところにアートは広がっています。子どもたちが美しいものを美しいと感じ，心が弾むアートな出会いを楽しめる心が育てばと思います。

〔永田 真奈実〕

対象学年 小学校高学年〜中学生

どっちが強いかな？
仁王像を見比べよう

概要・コンセプト

美術の鑑賞として仏像を見る方法の一つを紹介します。信仰の対象として対するのではなく，また知識によって理解するのではなく，直観的に作品のもつ質（美など作品の命）に触れさせましょう。

評価の観点

- 設問に答えられ，その理由についても考えて，発表ができる。

材料・用意するもの

- 仁王像の図版（左右一対）

　右ページの図版は京都市の三十三間堂（蓮華王院）内にある仁王像です。ほかに興福寺国宝館や東大寺南大門，法隆寺中門の仁王像などが有名です。三十三間堂の仁王さん（右ページ図版）の正式な名称は，向かって右が「那羅延堅固（ならえんけんご）像」，向かって左が「密迹金剛（みっしゃこんごう）像」です。木造二十八部衆立像のうちの2体で国宝に指定されています。

　でも，ここで紹介する鑑賞の授業では，文化財として有名な像ではなく，校区内のお寺など身近にある仁王像でかまいません。

学習問題　仁王像を鑑賞しよう。

　仁王像は左右2体で一組です。よく似ているけど違うところもありますね。右と左ではどちらが強そうですか。どうしてそう思ったのかな。理由も教えて下さい。

鑑賞のプロセス

1　左右，どちらの仁王さんが強いのかな？

- 仁王さんはお寺の入り口にある門の両側に立って，見張りをしています（仁王立ちという言葉があります）。左右どちらの仁王さんも強そうですが，この二人があえて力比べをするなら，どちらが強いと思いますか？
クラスを右側の仁王（阿形）の方が強いと思う子どもたちと，左側の仁王（吽形）の方が強いと思う子どもたちに二分し，座席も対面するかたちにして討論させるのもいいと思います。

2　どうしてそう思ったの？

- 右と答えても左と答えてもどちらでもかまいません。
の問いに答えた時点では，一応，漠然とそういう感じがするからというだけで，その理由までは自覚できていない子どももいます。そこでそれぞれに理由を尋ねます。腕や胸の筋肉のつき方，ポーズの力強さ，顔の表情など，どちらが強いかという問いに答えるために，左右の仁王のあちこちを見比べ，その質を見極めます。
口の形の違いに気づかせるためには「どんな声をだしているでしょうか」という問いが有効です。

78

3 あうんの呼吸

- 向かって右の仁王さんは口を開いていて，阿形像(あぎょう)といいます。向かって左の仁王さんは口をつむっていて，吽形像(うんぎょう)といいます。

  阿（あ）と吽（うん）は梵語（古代インドの言葉）で最初の音と最後の音です。

  「あうん」とは，宇宙のはじまりと終わりを表します。左右の仁王さんは仏様の教えが行き渡るように，協力して世界の端から端まで見張っています。ぴったりと二人の息が合っていることを「あうんの呼吸」といいますね。ですから仁王さん同士がどちらが強いかを決めようとしてとっ組み合うことなどは決してありません。念のため。

《吽形》 密迹金剛像(みっしゃこんごう)
木造彩色・切金文様／高さ167.9cm／鎌倉時代

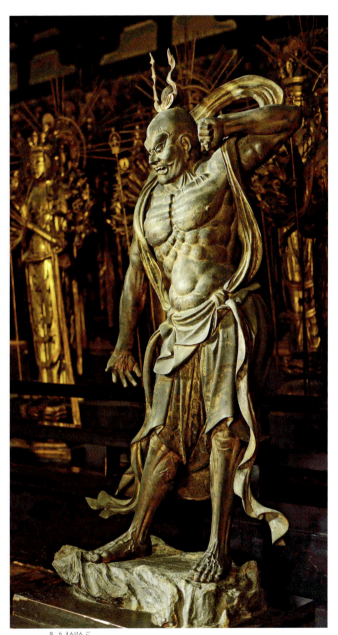

《阿形》 那羅延堅固像(ならえんけんご)
木造彩色・切金文様／高さ163cm／鎌倉時代

まとめ　「左右，どちらの仁王さんが強いのか」という問いに，正解はありません。しかしその問いの答えをだすために，子どもは仁王像のあちこちを一生懸命見まわして，その価値を見極めようとします。それは同時に仁王像のもつ質や命を知らず知らず感じとることになります。対象のもつ質や命を感じとること，それが鑑賞です。知識をたくさん仕入れても対象のもつ質や命に触れなければ鑑賞したことにはなりません。あうんの呼吸の話などはおもしろいだけに，それだけで満足してしまいかねません。ですからあくまで直観的な鑑賞を優先し，知識の話は最後にするのがよいでしょう。

〔草尾 和之〕

対象学年 小学校高学年～中学生

どんな人かな？

誰と誰が仲良しかな？

概要・コンセプト

時代も様式も，生まれも年齢も様々な人物の絵をあわせて鑑賞する授業です。ただ絵を見せるだけではなく，計画的な設問や指示により，鑑賞を促します。子どもは問いに答えるために絵を深く，あるいはいろいろな観点から見つめ，作品の持つ質（作品の命）に触れることになります。効果的な問いを予め考えておくことが授業成功の鍵です。

評価の観点

- 設問に答えられ，その理由についても考えて，発表ができる。

材料・用意するもの

- 鑑賞資料（鑑賞する作品）
  近年各社が発行する検定教科書や資料集の多くには，様々な名画の顔の部分だけを集めたページが設けられています。

学習問題

共通点を捜そう。描かれた誰と誰とが仲良しかな。

さまざまな顔を見比べて共通点のある絵を捜そう。どこが共通なのかを考え，発表しよう。逆に対照的な所がある作品を探し出し，どこが対照的なのか発表しよう。また先生が指定した2作品（あるいは3作品以上）にはどんな共通点があるのかを見つけ，発表しよう。

鑑賞のプロセス

1 〔作品A〕と似ているところ（共通点）があるのはどの作品ですか？どう似ていますか？（答えはいくつもあります）

- どちらも女性である。どちらも若い人である，どちらも正面を向いているなど，答えはいくつもあります。出尽くしたと思ってもそこでやめず，さらに別の答えを求めてください。美術の鑑賞といえるのはそこから先です。どちらも背景が暗い色である。どちらも筆あとが残っているなど，より絵の質に迫っていく答えがでてきます。
グループを作り，交互に答えを一つずつ出していく対抗戦形式でやるのもおもしろいでしょう。

2 〔作品A〕と対照的なところ（相違点）があるのはどの作品ですか？どう対照的ですか？（答えはいくつもあります）

- 上のプロセス1に比べると，かなりこじつけで無理のある答えもでてきますが，それも一興です。

3 誰と誰が仲良しになれそうですか？

- 性格や趣味などに共通したところが多い人同士が仲良しだとは限りませんね。性格が全然違うのに仲がたいへんよいことも多いですね。図からあなたが選んだ仲良し二人はどんな会話をすると思いますか？
上の問いと同様に「仲が悪そうな二人を選んでください」という問いも可能です。
成功すればより深い鑑賞ができそうです。

岸田劉生
≪麗子微笑≫
1921年　油彩, キャンバス
45.5×38cm

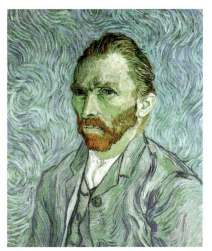

フィンセント・ファン・ゴッホ
≪自画像≫
1889年　油彩, キャンバス
65×54cm

ヨハネス・フェルメール
≪青いターバンの少女≫
1665年頃　油彩, キャンバス
44.5×39cm

まとめ　先生が子どもに「自由に感想をいっていいよ」といっても, 子どもは戸惑って, あるいは引っ込み思案になって発言してくれないことも多いでしょう。でも適切な問いを計画的に設けるとことによって, 子どもは作品をより深くしっかりと見るようになり, そこからいろいろなことを発見します。子どもの発言も促されて対話も進み, 授業が活気づきます。

〔草尾 和之〕

対象学年　小学校中学年〜中学校

近くのアートをさがしてみよう

概要・コンセプト
身の回りに目を向け，生活を美しく彩ったり，豊かにしたりするアートの存在に気づこう。

材料・用意するもの
● 鉛筆　　● スケッチブック　　● 校区の地図　　● カメラなど

評価の観点
○ 暮らしの中の作品を見つける。
● 表現の意図や特徴をとらえる。
● 暮らしと美術作品のつながりを学ぶ。
○ 感じたことを話し合い，伝え合う。

学習問題
自分たちの身の回りに目を向けて，アートをさがしてみよう

校区のアート地図をみんなでつくって，アート体験を楽しもう。

どんなものがアート作品か考えてみよう

- 身の回りにある，見たことのあるアート作品を調べてみましょう。
  彫刻（ブロンズ，石，木，紙など），建物や道路そばの壁画など。
  校舎内や校庭，通学路から見つかるかもしれません。
- おもしろいもの，気になるもの，アート作品かな？というものをスケッチしたり写真にとったりして，発表してみましょう。

池松一隆《存在・夢》赤間駅前

2 どこにあるか，探してみよう

- すぐに何を思い出しますか。いつ，どこで見ましたか？
  毎日みるもの。一度だけ見たことのあるもの。知らないときは，いろんな人に聞いてみましょう。
- 作品の場所や，目撃した日時，おすすめポイントなど，みんなで一つの地図に書き込んで，校区のアート地図をつくってみましょう。
- 例えば，赤間駅近くの釣川沿いには26点の彫刻が設置されています。
  福津の海岸の護岸壁には，大学生と地域の人々が協力して制作した，地域を題材にした壁画を見ることができます。

宗像青年会議所・少年会議所，福岡教育大学共同企画《夢未来アート2013》　福津市海岸
赤間アート・フェスティバル2014 @赤間宿まつり

82

- 公園，高架道路の下，商店のシャッター，駅の構内にも注目してみましょう。
- 宗像ユリックス，海の道むなかた館や，赤間宿まつりなどのイベントでも作品が展示されています。

赤間アート・フェスティバル 2014 ＠赤間宿まつり

レッジョ・エミリア交流展 2014

3 アートの広がりを感じよう

- 日常生活で体験するアートは多様です。
  ちょっと暗い場所に明るい気分になるような絵があったり，花を植えて人々との会話が生まれたり，環境に優しい生活を送ったり，さまざまなものや行動が私たちの心を豊かにします。
- 身近なアートを探す過程の中で，どんなものが生活を美しく，豊かにするものなのか考え，地域社会や環境とのつながりにも目をむける機会になるでしょう。
- 人々の心を動かし，結びつけるものが，アートの一つのかたちです。

上通アートプロジェクト 2013 「上通のうわさ」
上通商栄会×山本耕一郎×熊本市現代美術館

宗像消防署赤間出張所・車庫シャッターへの壁画制作 2014

まとめ 身の回りに目を向け，生活を美しく彩ったり，豊かにしたりするアートの存在に気づくことを願っています。アートは私たちの生活に深く結びついて生まれています。散歩したり，地域の人々と話したり，自然を楽しんだりしながら，地域社会，環境とのつながりを知り，アートの広がり，心の広がりを感じてほしいと思います。

〔本田 代志子〕

対象学年　小学校中〜高学年

美術館に行ってみよう

概要・コンセプト
　美術館や博物館など，親しみのある美術作品や暮らしの中の作品などを展示している地域の施設や場所を訪れよう。
　施設の目的を学び，児童の鑑賞能力を育てよう。

材料・用意するもの
- ノート，鉛筆（シャープペンシルの使用が禁止されているところもあります）
※ボールペンや万年筆はインクが飛び散ることがあるため，使用できません。

評価の観点
○美術館を調べる。
○美術館はどんな場所か考える。
○美術館での観賞マナーを守る。
●美術作品のさまざまな種類を学ぶ。

学習問題　自分の住む地域の美術館や博物館に行ってみよう
　そこには世界に一つしかない作品があります。

1 美術館を調べてみよう

- 学校の近くにどのような美術館があるか探してみましょう。
  ホームページには，開館時間や催しもの，収蔵作品などを調べることができます。
- 美術館はどんな場所が考えてみましょう。
  展覧会を行う。作品の保管や修復をする。美術について学ぶ・伝える。

福岡市美術館

2 美術館に行ってみよう

- 美術館の建物も観察してみましょう。

北九州市立美術館

3 美術館で守ってほしいこと

- みんなが気持ちよく，美術館ですごすために，ルールを守りましょう。

・走り回ったり，大声を出したりしないようにしましょう。
・作品には触らないようにしましょう。
　作品が汚れたり，壊れたりすることがあります。けがをすることもあります。
・リュックサックや大きな荷物は，ロッカーに預けましょう。
　作品へぶつかったり，他の人の邪魔になったりすることがあるかもしれません。
・作品を展示している場所で飲んだり，食べたりすることはできません。
　作品が汚れたり，食べ物に虫がよって来たりするためです。飲み物を飲んでもいい場所を聞いてみましょう。
・メモを取るときは鉛筆を使いましょう。
　ボールペンや万年筆はインクが飛び散ることがあるため，使用できません。

福岡県立美術館

4 美術館で作品を見てみよう

- 美術館は，その地域の伝統工芸品や，世界各地の人々がつくった作品が展示されています。
- どんな種類の作品があるか，観察してみましょう。
  絵画（水彩画，油彩画，日本画，版画など），彫刻（石，木，粘土，ブロンズなど），
  工芸品（陶磁，染織，漆，刀など）

福岡市美術館の収蔵作品

青木繁《秋声》1908年
油彩，画布　133.7×100.0cm

サルバドール・ダリ
《ポルト・リガトの聖母》
1950年　油彩，画布
275.3×209.8cm
©Salvador Dali,Fundació Gala-Salvador Dali,JASPAR Tokyo,2015 E1457

菊畑茂久馬
《ルーレットNo.1》 1964年
カシュー，エナメル，鉛筆，金属，
スポンジ，アクリル板，板
162.2×111.8cm

野々村仁清
《色絵吉野山図茶壺》
江戸時代（17世紀）
重要文化財　松永コレクション

北九州市立美術館の収蔵作品

葛飾北斎
《冨嶽三十六景　神奈川沖波裏》
1831-34年
錦絵・和紙　25.2×36.8cm

海老原喜之助　《船を造る人》
1954年　油彩，キャンバス
162.1×130.5cm

田中敦子　《作品》 1962年
ビニール塗料，キャンバス
163.7×128.5cm
©Ryoji Ito

フランク・ステラ
《八幡ワークス》1993年
鉄，ステンレス鋼
427.0×475.0×482.0cm
©Frank Stella/ARS,N.Y./
JASPAR,Tokyo,2015 E1457

福岡県立美術館の収蔵作品

髙島野十郎《蝋燭》
1912-1925年　油彩，板
22.7×15.6cm

冨田溪仙《栂尾晩秋》1934年
絹本着色　46.5×51.5cm

鹿児島寿蔵《紙塑人形
「有間皇子」》1978年
紙塑，自染和紙　高19.8cm

松枝玉記《久留米絣着物
「献穀」》1976年　藍染綿織物
身丈168.6cm 裄68.4cm

まとめ　まずは，住んでいる地域の美術館や博物館に行ってみてほしいと思います。私たちの生活の多様化に伴い，さまざまな表現の作品が生まれ，美術館も作品鑑賞にとどまらない楽しみ方を提供しています。伝統や文化を学んだり，自己を見つめたり，周りの人と共有できる場であることを伝えてほしいと思います。　〔本田 代志子〕

対象学年　小学校低〜高学年・中学校

美術館で学ぼう，楽しもう
ワークショップに参加してみよう

概要・コンセプト
美術館や博物館など，地域の施設の教育普及プログラムを活用し，児童の鑑賞能力を育てよう。

材料・用意するもの
ノート，鉛筆，動きやすい服装など。

評価の観点
○美術館の活動を知る。
●さまざまなかたちで美術に触れる。
○自分の発想をかたちにする方法を学ぶ。
○美術を通じて，他の人の考え方を知る。

学習問題　美術館で，さまざまな体験をしてみよう
絵を描いたり，観察したり，話をきいたり，いろいろなイベントに参加してみよう。

1 幼児から大人まで，さまざまな年齢を対象としたプログラムがあります

いくつになっても，家族や友人と楽しんだり，学んだりできる場所です。

福岡市美術館

ミニミニワークショップ

ギャラリーツアー for キッズ

ファミリーDAY2013 絵からとびだす物語

いきヨウヨウ講座 2013

小・中学生向けは，学校のクラスでの見学，夏休みには特別講座が開催されています

学校単位で行く際は，美術館スタッフと充分に打ち合わせをすることで，より有意義なものになります。
図工・美術好きの生徒には，週末や夏のこども向けワークショップを案内して欲しいと思います。

福岡市美術館

福岡県立美術館

美術館探検　　　　　美術館でZoo アニマル　　　スクールミュージアム
　　　　　　　　　　アートツアーin 美術館

スクールツアー　　　こどもワークショップ　　　こどもワークショップ
　　　　　　　　　　「そら・うみ・かぜの詩をつくろう」　「月の光をえがこう」

 ## 美術について，学芸員やボランティアさんが教えてくれます

ときには，美術館の学芸員（展覧会を企画，実施する人，作品を管理する人）や，ボランティア・スタッフから，絵の解説を聞くと，新しい見方が生まれるでしょう。
また，多くの美術館でボランティア・スタッフがさまざまな分野で活躍しています。

北九州市立美術館　　　　　　　　　　　　　　　　福岡県立美術館

学芸員によるスライドトーク　　ボランティアによるガイド　　アーティスト，大学生との連携による
　　　　　　　　　　　　　　　　　　　　　　　　　　　　　ワークショップ

まとめ　美術館，博物館には，教育普及の専門員が，さまざまな教育普及プログラムを行っています。学校のクラスでの展覧会見学，部活動の一環，出張授業の要請など，アートにかかわることは，まずは相談してみましょう。
絵を静かに見るだけではなく，多様なかかわりのあることを知ってほしいと思います。　〔本田 代志子〕

対象学年　小学校高学年，中学校

作品を飾ってみよう
作品のよさを工夫して伝えよう

概要・コンセプト
美術館などで，作品のよさを伝えるための工夫を調べる。作品を説明する言葉を考えてみる。学校などで工夫して展示をしてみよう。

材料・用意するもの
- 作品を貼る台紙
- 画鋲
- 展示用の台
- 踏み台など

評価の観点
○美術館で作品がどのように飾られているかを観察する。
●作品の良さやおもしろさ（色，かたち，素材，大きさ）を見つける。
○作品のよさを言葉にして伝えあう。
○学校などで展示をしてみる

学習問題　作品の良さを伝えるためには，どのような工夫が必要か考えてみよう
自分たちの作品も学校に飾ってみよう。

 作品の飾り方を調べてみよう

美術の作品を展示している美術館に行って，どのように展示されているか，調べてみよう。

- どこに作品がありますか。壁以外にも，入り口，廊下，階段，窓，トイレ，庭にあるかもしれません。
- 絵や彫刻だけではありません。そこにある椅子や石が作品かもしれませんよ。あちこち探して，作品と思うものをメモしてみよう。
- どのように飾っているのかを観察してみよう。
場所，作品の高さ，隣の作品との間隔，明るさ，壁などの色，素材，展示の台の大きさなど，作品のまわりもよくみてみましょう。
- 作品を見る人が困っていることはありませんか。気づいたことはメモしておきましょう。

北九州市立美術館　エントランス

北九州市立美術館　企画展示室

熊本市現代美術館　ホームギャラリー
天井：ジェイムズ・タレル《Milk Run Sky》2002年
本棚およびベッド：マリーナ・アブラモヴィッチ《Library for Human Use》2002年

88

作品のよさを伝える,飾り方を考えてみよう

- 作品のよさはどのようなところだと思いますか。みんなで話し合ってみよう。
- そのよさを伝えるために,どんな工夫がされていますか。

 作品を見てもらいたい人は誰ですか

- 作品を見る人はどんな人がいますか。
幼児,小学生,中学生,大人,車いすの人,身体の不自由な人,外国の人など,その人たちが楽しく見るためにはどのような工夫が必要だと思いますか。

北九州市立美術館　柴川敏之氏によるワークショップ作品の展示

 作品を飾る準備をしよう

- 作品のよいところ,伝えたいことを紙に書いてみましょう。
- どこに飾るのか,学校内や地域でよさそうな場所を探してみましょう。
- 誰かがぶつかって怪我をしたり,作品が壊れたりしない安全な場所を選びましょう。

北九州市立美術館　コレクション展示室

5 作品を飾ってみよう

- 作品だけでなく,伝えたいことの説明を一緒に貼ってもいいかもしれません。
- 作品を見る人の立場になって,飾る位置や,方法を考えてみましょう。
- 完成したら,写真をとったり,他の人の感想を聞いたりしてみましょう。

福岡教育大学美術科3年生による作品展「赤馬展」

学校での作品展示

福岡市美術館

 自分の作品をどう飾るかを考えることは,まわりとの関係を考えることにもなります。自分の気持ちを表すことと,見る人がわかるように伝えること,そのような主観と客観の両方の視点をもつと,身の回りのアート作品のあり方が見えてくるでしょう。

〔本田 代志子〕

対象学年　小学校高学年，中学校

作品をつくる

アーティストの栗林隆さんに聞いてみました

インドネシアで葉っぱを使った作品
《Underground Sound of Rain》2013年
Selasaryo Sunaryo Art Space，インドネシア

概要・コンセプト

現代美術のアーティストが，どのように想像力を働かせて発想や構想をし，様々な表し方をしているのか，そのプロセスを知ることで，自分たちとの共通点を見つけよう。

学習問題
なにかをつくるとき，どのように考えて，かたちにするのかを学ぼう

何を伝えたいかをじっくりと考えよう。材料や形で表現する方法を見つけよう。

評価の観点
○作品の発想と材料や場所との関係を考える。
○形や色の特徴を考える。
●表したいことに合わせて，材料や方法を選ぶ流れを知る。

1　作品が生まれるきっかけは何ですか？

毎日の生活の中で，疑問に思っていること，気になることがきっかけでアイデアが生まれます。

2　何からはじめますか？

考えていることを絵に描いてみます。大きさや素材，自分のイメージとアイデアが実際にできるのかを考えます。

3　材料はどう決めますか？

一番伝えたいことが表現できる素材を選びます。これまでには，紙，土，水，氷，木の葉，写真などを使ったことがあります。その土地のものや材料を使うこともあります。

4　つくるときに大切にしていることは？

つくり出す前に，完成した姿をはっきりと思いえがくことです。後は，それに向かって突き進みます。

栗林 隆さん
撮影：rai shizuno

水の壁ができるまで

水の壁をイメージしたスケッチ

天草や逗子の海に潜って撮影

水の透明感を出せるように，素材の試作

写真を印刷して繋ぎ合わせ

水の中にいるような揺らぎや光を体験する作品
《wasserwaende》2012年
熊本市現代美術館での展示風景

90

できあがったときは，どのような気持ちですか？

完成に近づくほど，誰よりもドキドキしています。できあがったときは，満足感よりももう少しよくできたのではないか，次回はもっとこうしようと考えます。完成させたことは嬉しいのですが，次はもっとよい作品をつくりたいと思うのです。

 なぜ作品をつくるのですか？

作品をつくるということは，自分がこの世の中に存在する意味や価値を見出すことです。私は作品をつくることで，自分がなぜ自分なのかを確認します。作品をつくるということは，自分が生きているということと同じことなのです。

紙の林ができるまで

紙の林を展示空間でイメージしたスケッチ

山林で枯れた唐松を根から抜き取り

石膏で型つくり

徳島の和紙職人さんと打ち合わせ

会場での設置作業　撮影：rai shizuno

木からつくりだされた紙で林を作った。地下から見たり，地上に顔をだしながら空間を体験する作品
《Wald aus Wald》2011年　森美術館での展示風景
撮影：osamu watanabe

 栗林隆さんの《wasserwaende》のアイデアを出すところから完成の瞬間までをずっと近くで観察していました。制作の途中で，どちらを選ぶかという場面が多々ありましたが，ひとつひとつ自分の思いを確認しながら進めていたように思います。

　何もないところから，思いをかたちにしていく過程は，ときに試行錯誤も必要です。作品をつくる，自分の思い描いた姿を実現する喜びを見つけてほしいと思います。

〔本田 代志子〕

図工実践記録 2013

概要・コンセプト 　平成25年度教員研修モデルカリキュラム開発プログラムの一環としておこなった，連携する小学校の図工室整備の記録を掲載しています。この小学校は離島の小規模校であり，小中一貫校のモデル校として小学生と中学生が同じ校舎内で学んでいます。整備を行った図工室も技術室と兼用で使用し，5，6年生の図工を中学校の教員が担当しています。

❶ 中学校と共通で使用していることもあり，きちんと整理された教室環境となっていた。技術の授業でも使用されるが，危険な工具類は技術準備室に移動し，使用するときにだけ教室に出すかたちをとっていた。

❷ 現状では，画材を入れる棚だけがあり，作品保管場所が不足していた。そこで既製の木製ラックを加工し，棚の稼働段数を増やして様々な作品サイズに対応できる棚を作成した。

❸ 共同用チューブ絵の具を補充するとともに，手製の絵の具入れを準備して，持ち運びしやすいように整備した。

❹ 糸鋸盤は，振動が激しく使用しづらい状態となっていた。既存の机に厚手の防振マットをはさんでネジ留めをおこなった。左端の盤は低い台に移動できるよう固定していないが，移動した際に防振マットを敷いて使用することとした。

❺ 作業机は，技術用の机に天板を乗せて使用している。比較的きれいな状態であったが，板の反りによるがたつきが気になった。しかし技術の授業で天板を外して使用するため，天板を固定する事が出来ない。そこで，反りの隙間に防振マットと滑り止めマットを挟んでがたつきを抑えることにした。

❻ 使用している画板が古くなっていたため，新たな画板を整備した。児童数が少ないため，この枚数で二学年全員で同時に使用することができる。

❼ 授業実践のために油粘土を準備した。

❽ 竹を削って粘土ベラを製作した。

❾ 研修風景

まとめ　図工室の状況は学校ごとに異なっています。専科教員の配置がなされない限りは，なかなか快適な教室環境を持続させることができません。まずは，図工室を授業で使用し教室の問題点を把握してみましょう。そして各学校の状況に応じて必要な整備を少しずつ行っていくことが，よい授業への一歩につながっていきます。　〔加藤　隆之〕

執筆者一覧

福岡教育大学 美術教育講座

阿部　守　　　　（デザイン：立体構成）
加藤　隆之　　　（絵画：油彩画）
草尾　和之　　　（美術教育）
笹原　浩仁　　　（美術教育）
篠原　利朗　　　（デザイン：平面構成）
千本木　直行　　（彫刻：木彫）
本田　代志子　　（美術史・美術理論）
松久　公嗣　　　（絵画：日本画）
宮田　洋平　　　（工芸：金工）

福岡教育大学 実技教育支援コーディネーター（平成23-25年度）

永田　真奈実
宮川　華南美
山口　真奈

東京都小学校図工専科教諭

松本　朋美

図画工作・造形教育教材集
子どものための美術　Art for Children

2015年(平成27年)3月30日　初版発行
2018年(平成30年)2月20日　２刷発行

編 著 者	福岡教育大学　美術教育講座
発 行 者	佐々木秀樹
発 行 所	日本文教出版株式会社 http://www.nichibun-g.co.jp/ 〒558-0041　大阪市住吉区南住吉4-7-5　TEL：06-6692-1261
デ ザ イ ン	株式会社ユニックス
印刷・製本	株式会社ユニックス

© 2015 fukuokakyoikudaigaku bijyutsukyoikukouza All Rights Reserved.
ISBN978-4-536-60082-8　　Printed in Japan

定価はカバーに表示してあります。本書の無断転載・複製を禁じます。
乱丁・落丁は購入書店を明記の上，小社大阪本社業務部(TEL：06-6695-1771)あてに
お送りください。送料小社負担にてお取り替えいたします。

ワークシート
カラーチャート（トーナルカラー65）

	あか	あかみの だいだい	だいだい	きみの だいだい	き	きみどり	みどり	あおみどり	あお	むらさき みのあお	あお むらさき	むらさき	あか むらさき
うすい色の なかま	15		16		17		18		19		20		
あかるい 色のなかま	21	22		23	24	25	26	27	28	29	30	31	32
さえた色の なかま	1	2	3	4	5	6	7	8	9	10	11	12	13・14
こい色の なかま	33	34			35	36	37			38	39		40
くらい色の なかま		41		42		43	44	45			46		
にぶい色の なかま	47		48	49		50			51	52			
あかはいみの 色のなかま	53			55	56		58			60			
無彩色	61	62	63	64	65								

＜課題＞
① 「トーナルカラー65」の色紙を取り出し、各々の裏面に袋裏面に記載されている番号を記入しましょう。
② 色紙の一部を切り取り、このワークシートの同じ番号の位置に貼りましょう（54、57は当てはまりません）。
※ 「だいだい」と「むらさきのあお」以外の色相が12色相環の色にあたります。

○絵の具の色と濃さ

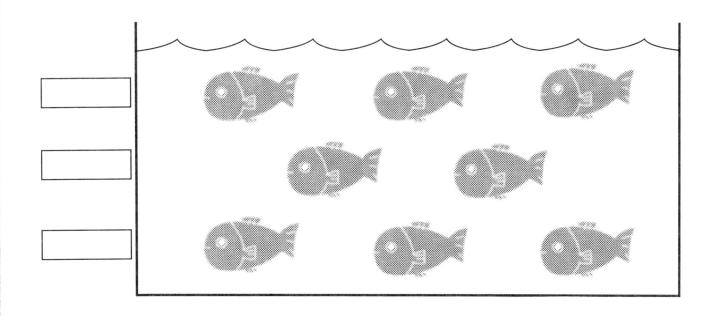

○表現の工夫

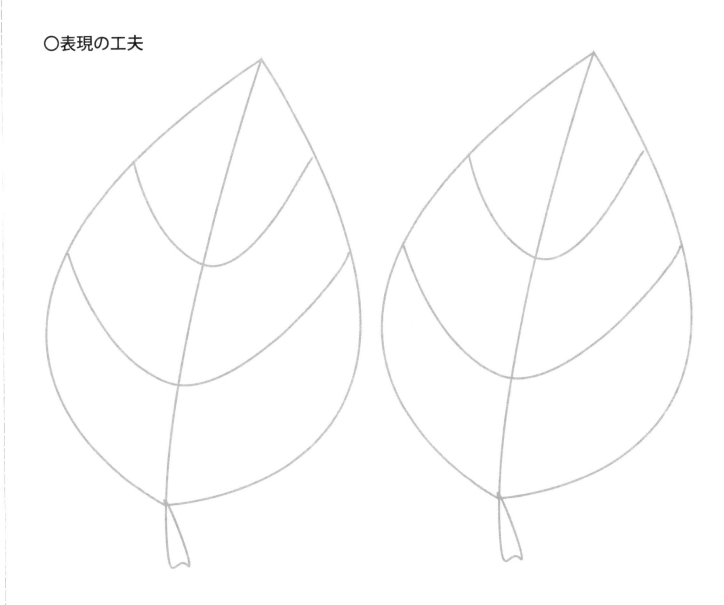

○絵の具の混色

〈色と色を混ぜる〉

〈三原色を混ぜる〉

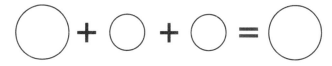

○色のわ（12色相環）

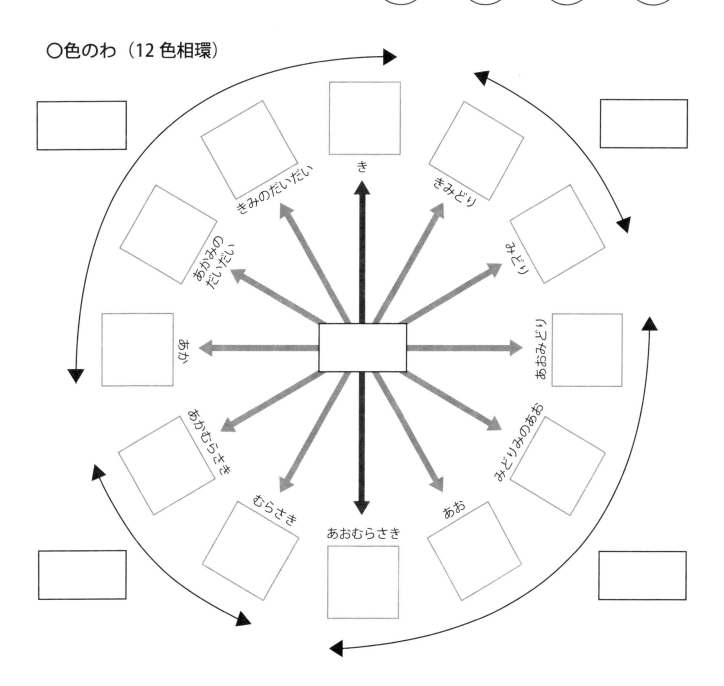